《国学经典藏书》丛书编委会

国学经典藏书

鬼谷子

杨　栋　刘书惠　译注

吉林大学出版社
长春

图书在版编目（CIP）数据

鬼谷子 / 杨栋，刘书惠译注 . — 长春 : 吉林大学出版社，2021.6
（国学经典藏书）
ISBN 978-7-5692-8552-9

Ⅰ . ①鬼… Ⅱ . ①杨… ②刘… Ⅲ . ①纵横家②《鬼谷子》－译文③《鬼谷子》－注释 Ⅳ . ① B228

中国版本图书馆 CIP 数据核字（2021）第 142558 号

国学经典藏书 : 鬼谷子
GUOXUE JINGDIAN CANGSHU: GUIGUZI

作　　者：杨　栋　刘书惠 译注
策划编辑：魏丹丹
责任编辑：王默涵
责任校对：田　娜
装帧设计：蒋宏工作室
开　　本：880mm × 1230mm　1/32
字　　数：103 千字
印　　张：5
版　　次：2021 年 6 月第 1 版
印　　次：2024 年 4 月第 2 次印刷

出版发行：吉林大学出版社
地　　址：长春市人民大街 4059 号（130021）
0431-89580028/29/21
http://www.jlup.com.cn
E-mail:jdcbs@jlu.edu.cn
印　　刷：河北松源印刷有限公司

ISBN 978-7-5692-8552-9　　定价：32.00 元

编者的话

经典是人类知识体系的根基，是人类的精神家园，是我们走向未来的起点。莎士比亚说过："生活里没有书籍，就好像没有阳光；智慧里没有书籍，就好像鸟儿没有翅膀。"21 世纪中国国民的阅读生活中最迫切的事情是什么？我们的回答是阅读经典！

中国有数千年一脉相传、光辉灿烂的文化，并长期处于世界文化发展的前列，尤其是在近代以前，曾长期引领亚洲乃至世界文化的发展方向。长期超稳定的社会发展形态和以小农生产为基础的、悠闲的宗法农业社会，塑造了中华民族注重实际、过分地偏重经验、重视历史的文化心理特征。从殷商时代的"古训是式"（《诗经·大雅·烝民》），到孔子的"述而不作，信而好古"（《论语·述而》），可以清楚地看出这种文化心理不断强化的轨迹。于是，历史就被赋予了神圣的光环，它既是人们获得知识的源泉，也是人们价值标准的出处。它不再是僵死的、过去的东西，而是生动活泼、富有生命力，并对现世仍有巨大指导作用的事实。因而就形成了这样一种固定的文化思维方式，也就是"以铜为鉴，可正衣冠；以古为鉴，可知兴替；以人为鉴，可明得失"（《新唐书·魏徵传》）。中国的文化人世代相承，均从历史中寻求真理，寻求"修身、齐家、治国、平天下"的崇高理想模式。

这种对于历史所怀有的深沉强烈的认同感，正是历史典籍赖以发展、繁荣的文化心理基础。历史上最初给历史典籍的研究和整理工作涂上政治、道德和伦理色彩的是春秋时期的孔子。当时的孔子因感“周室微而礼乐废、《诗》《书》缺”，于是乃删订了《诗》《书》《礼》《乐》《易》《春秋》等“六经”（见《史记·孔子世家》），寄托了自己在政治上“复礼”和道德上“归仁”的最高理想。孔子以后，历史典籍的编撰无不遵循着这一最高原则。所以《隋书·经籍志》总序中就说：“夫经籍也者，机神之妙旨，圣哲之能事。所以经天地，纬阴阳，正纲纪，弘道德，显仁足以利物，藏用足以独善……其王者之所以树风声，流显号，美教化，移风俗，何莫由乎斯道？……其教有适，其用无穷，实仁义之陶钧，诚道德之橐籥也。……夫仁义礼智，所以治国也；方技数术，所以治身也。诸子为经籍之鼓吹，文章乃政化之黼黻，皆为治国之具也。”（《隋书·经籍志一》）由此可见，历史典籍的编撰整理工作，已不仅仅是文化技术问题，更重要的是它还负有“正纲纪，弘道德”的政治和道德使命。于是，在两千多年的历史发展过程中，先人们为我们留下了汗牛充栋的文化典籍。这些宝贵的精神财富，不仅是我们中华民族的骄傲，也是全人类的骄傲，并已成为世界文化宝藏的重要组成部分。

中国的先哲们一向对古代典籍充满崇敬之情，他们认为，先王之道、历史经验、人伦道德以及治国安邦之术、读书治学之法等等，都蕴藏于典籍之中。文献典籍是先王之道、历史经验、人伦道德等赖以传递后世的重要手段。离开书籍，后人将无法从前朝吸取历史经验，无法传承先王之道。在日新月异的当代，如何对待这份优秀的文化遗产？毛泽东同志早就指出：“中国的长期封建社会中，创造了灿烂的古代文化。清理古代文化的发展过程，剔除其封建性的糟粕，吸取其民主性的精华，是发展民族新文化、提高民族自信心的必要条件。……中国现时的新文化也是从古代的旧文化发展而来，因此，我们必须尊重自己的历史，决不能割断历史。但是，这种尊重是给历史以一定的科学地位，是尊重历史的辩证法的发展，而不是颂古非今。”（毛泽东《新民主主义论》）古代典籍，不仅对中华民族的形成与发展历史地发挥了巨大的凝聚力作用，而且在当今中华民族伟大复兴中，依然会发挥无可替代的重要作用。

在科学技术迅猛发展的当代社会，人们的生活、观念正在发生着巨大而深刻的变革，面对蓬勃发展的现代科技和汹涌而至的各种思潮，人们依然能深切地感受到中国传统文化无所不在的巨大力量。人们渴望了解这种无形的力量源泉，于是绚丽多姿的中华典籍就成了人们首要的选择。它能够使我们在精神上成为坚强、忠诚和有理智的人，成为能够真正爱人类、尊重人类劳动、衷心地欣赏人类的伟大劳动所产生的美好果实的人。所以，在今天，我们要阅读经典；当数字化、网络化带来的“信息爆炸”占领人们的头脑、占用人们的时间时，我们要阅读经典；当中华民族迈向和平崛起和民族复兴的伟大征程时，我们更要阅读经典。因此，读经典，这个我们习以为常的平凡过程，实际上就成了人的心灵和上下古今一切民族的伟大智慧相结合的过程。但由于时代的变迁，这些经典对现代人来说已是谜一样的存在。为继承这份优秀的文化遗产，帮助人们更好地利用这些经典，在全国学术界诸多专家学者的支持下，我们策划了这套“国学经典藏书”丛书。

丛书以弘扬传统、推陈出新、汇聚英华为宗旨，以具有中等以上文化程度的广大读者为对象，从我国古代经、史、子、集四部典籍中精选50种，以全注全译或节选的形式结集出版。在书目的选择上，重点选取我国古代哲学、历史、地理、文学、科技、教育、生活等领域历经岁月洗礼、汇聚人类最重要的精神创造和知识积累的不朽之作。既注重选取历史上脍炙人口、深入人心的经典名著，又注重其适应现代社会的人文价值趋向。丛书不仅精校原文，而且从前言、题解，到注释、译文，均在吸收历代学者研究成果的基础上精心编撰。在注重学术性标准的基础上，尽量做到通俗易懂。我们相信，本丛书的出版，对提高人们的古代典籍认知水平，阅读和利用中华传统经典，传播中华优秀文化，提高人们的民族自信心和文化自豪感，进而为中华民族伟大复兴做贡献，均将起到应有的作用。高尔基说："书籍是人类进步的阶梯。""要热爱读书，它会使你的生活轻松，它会友爱地帮助你了解纷繁复杂的思想、感情和事件；它会教导你尊重别人和你自己；它以热爱世界、热爱人类的情感，来鼓舞智慧和心灵。""当书本给我讲到闻所未闻、见所未见的人物、感情、思想和态度时，似乎是每一本书都在我面前打开一扇窗户，并让我看到一个不可思议的新世界。""每一本书是一级小阶梯，我每爬一级，就……更接近美好生活的观念，更热爱这书"（《高尔基论青年》，中国青年出版社1956年版）。流传千年的文化经典，让我们受益匪浅，使我们懂得更多。正如德国著名作家歌德所说："读一本好书，就是和一位品德高尚的人谈话。"的确，读一本好书，就像是结交了一位良师益友。我们真诚希望，这套经典丛书能够真正进入您的生活，成为人人应读、必读和常读的名著。

陈　虎

庚子岁孟秋

前　言

鬼谷子，姓名、生平皆不详。《隋书·经籍志三》称“《鬼谷子》三卷，皇甫谧注云：‘鬼谷子，周世隐于鬼谷’。”南朝宋裴骃《史记集解》引徐广曰：“颍川阳城有鬼谷，盖是其人所居，因为号。”唐长孙无忌《鬼谷子序》说鬼谷子是楚人。是鬼谷其人名姓、族里皆不可详考。至宋李昉《太平广记》卷四《神仙四》引《仙传拾遗》云：“鬼谷先生，晋平公时人，隐居鬼谷，因为其号。先生姓王名诩，亦居清溪山中。……先生凝神守一，朴而不露。在人间数百岁，后不知所之。”显然是后人对其生平情况的推演，当然亦不足信。但鬼谷先生可能确有其人，因为司马迁明确说苏秦和张仪都曾学于鬼谷子。《史记·苏秦列传》载苏秦“习之于鬼谷先生”，“其术长于权变”。《张仪列传》说张仪“尝与苏秦俱事鬼谷先生，学术。”司马迁距苏秦、张仪时代稍近，《史记》的记载应该是可靠的。稍后，西汉末年的扬雄亦言苏秦、张仪学鬼谷术，其《法言·渊骞》载：“仪、秦学乎鬼谷术，而习乎纵横言，安中国者各十余年。”由此可知，鬼谷先生是稍早于苏秦、张仪时代的人。另外，王充《论衡·答佞篇》还记载了鬼谷先生与苏、张的一则故事，其云：“《传》曰苏秦、张仪从横，习之鬼谷先生，掘地为坑，曰：‘下，说令我泣出，则耐分人君之地。’苏秦下，说鬼谷先生泣下沾襟，张仪不若。”不知是否确有其事。

《汉书·艺文志》无《鬼谷子》，《隋书·经籍志》始著录“《鬼谷子》三卷”。后世多认为是伪书，唐代柳宗元最早怀疑此书，他在《辩鬼谷子》中说：“汉时刘向、班固录书，无《鬼谷子》，《鬼谷子》后出，而险盭峭薄，恐其妄言乱世，难信。……尤者，晚乃益出七术，怪谬异甚，不可考校。”明胡应麟《四部正讹》认为是东汉人本《苏秦》《张仪》二书之言，荟萃附益而成，又或者是皇甫谧撰，而托名鬼谷。《四库提要》评价胡应麟之说谓：“其言颇为近理，然亦终无确证。”清姚际恒《古今伪书考》则认为该书为“六朝所托无疑”。当然亦有认为《鬼谷子》其书不伪者，如阮元谓《鬼谷子》中多韵语，非后人所能依托。《汉书·艺文志》虽无《鬼谷子》，但著录有《苏子》三十一篇。余嘉锡《古书通例》认为《苏子》是合《鬼谷子》与《战国策》中苏子游说六国合纵之辞为一书，李零亦认可此说(《蓝台万卷——读〈汉书·艺文志〉》)。但刘向《说苑·善说》曾引《鬼谷子》佚文，顾实《汉书艺文志讲疏》据此认为刘向《别录》原题《鬼谷子》，“班《志》本《七略》，从其核实，题名《苏子》未可知也”。无论如何刘向是看到了《鬼谷子》的，而且司马迁也有可能见到过此书。《史记·太史公自序》：“故曰圣人不朽，时变是守。虚者道之常也，因者君之纲也。”《史记索隐》云：“‘故曰圣人不朽’至‘因者君之纲’，此出《鬼谷子》，迁引之以成其章，故称‘故曰’也。”说明《鬼谷子》在汉初以前就已经成书。

《鬼谷子》的作者是鬼谷子吗？《旧唐书·经籍志》和《新唐

书·艺文志》都认为是苏秦所撰。南宋王应麟《玉海·艺文·诸子》亦云:“《鬼谷子》乃苏秦书明矣。”其实,先秦诸子的作者和汉魏以后的诸子不太一样,它们的作者往往都不是只有一个人,而是由这一学派的几代弟子逐渐编纂完善而成的。正如余嘉锡先生所说:“周秦诸子,以从游之众,传授之久,故其书往往出于后人追叙,而自作之文,乃不能甚多。”(《古书通例》卷二)所以,《鬼谷子》一书体现了鬼谷子的主要思想,但某些篇章的撰写可能是由其弟子完成的,融汇和发挥了鬼谷子的言论及其思想。在这些弟子中,苏秦应该起到了关键作用,《鬼谷子》一书与苏秦当有很大关系。

今本《鬼谷子》里的《揣篇》和《摩篇》很可能就是出自苏秦之手。《史记·苏秦列传》云苏秦“得周书《阴符》,伏而读之。期年,以出揣摩,曰:‘此可以说当世之君矣。’”句中“揣摩”,中华书局点校本《史记》并没有加书名号,裴骃《集解》云:“《鬼谷子》有揣摩篇也。”裴骃应该是将《史记》正文里的“揣摩”理解成了篇名。文中“以出揣摩”的“出”字,其本义是从坎穴中走出,可以引申为从某事物中产生。如《周易·说》卦:“万物出乎震。”联系上文,所谓“以出揣摩”,说的应该是苏秦在研读周书《阴符》中创作出“揣摩”来。这个“揣摩”应该就是文章,它源自《阴符》,是苏秦对《阴符》的读书心得。就像今天的我们一样,在阅读古人论著后产生想法写出文章。再看下文“此可以说当世之君”,可以游说当世国君的“揣摩”,只能是纵横家的游说之术。作为“其术长于权变”的苏秦,写出《揣篇》《摩篇》这样的理论篇章来自然不在话下。《汉志》将《鬼谷子》并在《苏子》里，也反映出班固（或刘歆）对《鬼谷子》与苏秦关系密切的认识。

《鬼谷子》旧有皇甫谧注、乐壹（又作臺）注、尹知章注、陶弘景注。大约到南宋初期时，仅有陶弘景注流传。王应麟《玉海·艺文》引陈骙《中兴书目》云："一本，始末皆东晋陶弘景注；一本，《捭阖》《反应》《内揵》《抵巇》四篇，不详何人训释，中下二卷与陶弘景注同。"是陈骙看到的两个本子，一个是陶弘景注本，一个是掺杂有四篇他注的陶弘景注本。由此可知，其他注本应该都已经亡佚了，如果存在的话，陈骙在编纂《中兴馆阁书目》时不能只看到陶弘景注本。

《鬼谷子》在流传过程中，除了上述几家注释外，还有明代学者对《鬼谷子》的评点之作。明焦竑校正、翁正春参阅、朱之蕃圈点《二十九子品汇释评》内有《鬼谷子》，节录《捭阖第一》至《谋篇第十》共十篇，眉评采王维祯、钱福、陈后山、杨道宾等诸家之说。明陈仁锡编《诸子奇赏》有《鬼谷子》一卷；李云翔编《新镌诸子拔萃》节录《鬼谷子》正文，附有评语；明天启间刊刻的《合诸名家批点诸子全书》内有《鬼谷子》一卷，为高金体评点；以及天启五年张懋寀横秋阁刊刻杨慎评注的《杨升庵先生评注先秦五子全书》，亦含《鬼谷子》一书。清代学者对《鬼谷子》的校勘、辑佚做出了贡献。校勘学家、刻书家秦恩复分别于乾隆五十四年（1789）和嘉庆十年（1805）两次校刻《鬼谷子》。严元照、卢文弨、徐鲲、缪荃孙等人也对《鬼谷子》的各种版本进行过校勘。俞樾《读书余录》中有关于《鬼谷子》的读书札记，节录《鬼谷子》重要文句引据传世文献相关内容校正文字文义。孙诒让《札迻》内亦有《鬼谷子》相关札记。《鬼谷子》在流传过程中多有散佚，秦恩复、王仁俊皆对《鬼谷子》佚文进行了辑佚。

民国以来，《鬼谷子》的研究成果逐渐增多。尹桐阳撰有《鬼谷子新释》三卷，末附《鬼谷子佚文》一卷，1932 年由上海文明印刷所铅字排印。俞棪的《鬼谷子新注》以秦恩复嘉庆十年校刻钱曾述古堂旧钞本为底本，取战国秦汉诸家学说进行诠释，对其中的错简依古韵校正，1936 年由商务印书馆排印出版。俞棪又撰有《中国政略学史》(生活书店 1933 年初版)一书，内有一篇《政略的哲学思想之成熟时期——〈鬼谷子〉政略的哲学》凡七章，从中国古代政略学的视角专门论述《鬼谷子》的政略哲学。台湾学者严灵峰编纂的《周秦汉魏诸子知见书目》，第三卷著录了历代有关《鬼谷子》的著作，颇便参考。萧登福著有《鬼谷子研究》(〔台北〕文津出版社 1984 年版)，上篇论述鬼谷子其人著作及真伪等，下篇对《鬼谷子》分段校注。郑杰文撰有《鬼谷子天机妙意》(海南出版社 1993 年版)、《鬼谷子奥义解说》(山东大学出版社 1993 年版)。许富宏撰有《〈鬼谷子〉研究》(上海古籍出版社 2008 年版)，对《鬼谷子》的真伪、成书与作者、学派归属、思想等作了综合研究；还撰有《鬼谷子集校集注》(中华书局)是《鬼谷子》研究的集大成之作。另外还有房立中编著《鬼谷子全书》(书目文献出版社 1993 年版)、阎崇东编著《鬼谷子辞典》(湖北人民出版社 1998 年版)、陈蒲清《鬼谷子详解》(岳麓书社 2005 年版)等《鬼谷子》研究专著。

今本《鬼谷子》分上、中、下三卷，上卷为《捭阖》《反应》《内揵》《抵巇》四篇；中卷为《飞箝》《忤合》《揣篇》《摩篇》《权篇》《谋篇》《决篇》《符言》《转丸》（佚）《胠乱》（佚）；下卷为《本经阴符七术》《持枢》《中经》。《鬼谷子》的内容非常丰富，但主要是论述纵横捭阖之术。鬼谷子被认为是纵横家的鼻祖，《论衡·答佞篇》说"术则从横，师则鬼谷也"，《风俗通义》云"鬼谷先生，六国时纵横家"（裴骃《史记集解》引）。《鬼谷子》一书也正讲述了战国纵横策士如何游说进而驾驭国君的游说之道、权谋之术。《捭阖》讲运用阴阳之道掌握言说的开合；《反应》提出要了解别人需注意静听、反听。《内揵》要求君臣内心相守，同时还能"揵而反之"，做到进退自如，不为国君所制。《抵巇》教人在处理人事争斗时的两种方法：一是"抵而塞之"，通过堵塞弥补的方法处理；一是"抵而得之"，在不得已时要推倒重来，毁旧建新，取而代之。《忤合》讲的是违逆与趋合之术。《飞箝》主要讲控制人的权术，简言之，就是先赞扬对方，让其吐露真情，从而控制住对方。《揣篇》就是要揣测国君的真实想法。《摩篇》即摩得对方之内心想法、心理活动、情感欲望等，要顺从并安抚，而且要做到隐蔽。《权篇》论述游说的技术，强调要根据游说对象的特点权衡选择不同的言辞。《谋篇》谈计谋产生的条件，以及运用计谋的一些技巧和手段。《决篇》主要讲决疑断难相关问题。《符言》论述了君主在用人、治国等方面的九种方法：主位、主明、主听、主赏、主问、主因、主周、主参、主明。以上诸篇可谓涉及纵横之术的方方面面。所以《文心雕龙·诸子》称"鬼谷唇吻以策勋"，"鬼谷眇眇，每环奥义"。值得注意的是，《鬼谷子》成书于诸子百家争鸣的时代，在论述纵横之术时还吸收了道家、儒家、兵家、阴阳家等各家的思想，将其熔于一炉，申说捭阖之道。

《鬼谷子》所论含有阴谋权术，被认为是“小夫蛇鼠之智”“小人之学”。长孙无忌即谓《鬼谷子》“变辞利口，倾危变诈”，柳宗元亦说：“险盭峭簿，恐其妄言乱世，难信，学者不宜道之。”故此书一直以来不受统治者及儒学之士重视，长期隐埋不显，流传不广。但该书亦有其可取之处，孙德谦《诸子通考》卷二言及纵横家云：“读《鬼谷子》书者，苟知纵横之术以弭兵为事，则不敢斥为妾妇之道矣！盖今之天下，一纵横之天下也。尝谓为使臣者，果能于口舌之间隐消祸乱，俾国家受无形之福，则其功为至大，故特表而出之，以告世之有交邻之责者。”此段话在今天仍有借鉴意义，即便一时间没有战争，不用弭兵，但若能在外交上灵活运用纵横之术使国家经济、人民财富少受损失，亦是国民之福。

传世的《鬼谷子》版本非常多，许富宏《鬼谷子集校集注·前言》梳理归纳出两个版本系统：一是《道藏》本系统，以明代正统《道藏》为祖本，后世比较有名的明万历《子汇》本、横秋阁刻本、《四库全书》本、秦恩复乾隆年间刻本等皆出自此系统；二是钱本系统，即钱遵王据宋本传录的述古堂旧钞本，秦恩复嘉庆十年校刻的《鬼谷子》就是以钱本为底本。本书的整理译注参考了正统《道藏》本、秦恩复嘉庆十年刻本。同时本书在写作时还参考了前贤及今人的一些著作，如俞棪《鬼谷子新注》(上海社会科学院出版社2009年版)、郑杰文、张伟《鬼谷子译注》(上海古籍出版社2018年版)、方向东注评《鬼谷子》(凤凰出版社

2001 年版)、许富宏译注《鬼谷子》(“中华经典藏书”本,中华书局 2016 年版)等。由于本人才疏学浅,书中难免有错漏谬误,还请大家批评指正。

杨　栋

2020 年 9 月

目 录

捭阖第一

〔题解〕

陶弘景题注云："捭，拨动也；阖，闭藏也。凡与人言之道：或拨动之，令有言，示其同也；或闭藏之，令自言，示其异也。"捭阖就是开合，捭是阳，阖为阴，捭阖之道就是阴阳学说在游说中的具体运用。所以作者说"此天地阴阳之道，而说人之法也"。如何运用捭阖之道呢？

首先，作者认为人的品行、才智有差别，是捭是阖要针对不同的人采用不同的方法；同时还要根据具体场景，或开而示之，或阖而闭之。捭是为了"料其情"，阖是为了"结其诚"，其最终目的是探测实情，结交对方以为我所用。其次，作者指出"口者，心之门户也；心者，神之主也"。口是心灵的门户，而游说的言辞由口说出，所以要善于运用捭阖之道控制言语的出入。捭就是开启，就是言说，属于阳；阖就是闭合，就是静默，属于阴，是开口言说还是闭口不言，要视具体情况而定。同时说出的话也有阴、阳之分，"与阳言者，依崇高；与阴言者，依卑小"。最后，作者总结说捭阖之道"可以说人，可以说家，可以说国，可以说天下”，捭阖之道要遵循阴阳转化的规律。“阳动而行，阴止而藏；阳动而出，阴隐而入；阳还终阴，阴极反阳”，这些都是阴阳变化之道。只有阴阳相求，阴阳相互调和，才是捭阖之道的根本。因此，捭阖也要相互协调，捭中有阖，阖中有捭。

粤若稽古①，圣人之在天地间也②，为众生之先。观阴阳之开阖以名命物③，知存亡之门户，筹策万类之终始④，达人心之理，见变化之朕焉⑤，而守司其门户⑥。故圣人之在天下也，自古及今，其道一也⑦。

〔注释〕

①粤(yuè)若稽古：粤若，语首助词，无实意。在古书中或作“曰若”“越若”，如《尚书·尧典》“曰若稽古帝尧”，《逸周书·世俘解》“越若来二月既死魄”。稽，查考。

②圣人：品德高尚、智慧超群的人，多指古代贤圣的帝王或得道之人。如《孟子·滕文公下》：“尧舜既没，圣人之道衰。”《淮南子·俶真训》：“下揆三泉，上寻九天，横廓六合，揲贯万物，此圣人之游也。”

③阴阳：指宇宙中贯通物质和人事的对立面。《周易·系辞上》：“阴阳不测之谓神。”以名命物：给自然万物命名。如《尚书·吕刑》“禹平水土，主名山川”，大禹治理完洪水，给山川命名。“观阴阳之开阖以名命物”句：陶弘景注云“阳开以生物，阴阖以成物，生成既著，须立名以命之也”。即阴阳和合以生成万物，万物既然显露出来，必须给它名号来称呼它。

④筹策：原指古代计数用的竹码子，这里当筹划、谋算讲。

⑤朕：征兆，形迹。《淮南子·诠言训》：“行无迹，游无朕。”许慎注：

“朕，兆。”

⑥守司：监守。陶弘景注：“司，主守也。”

⑦其道一也：陶弘景注云“莫不背亡而趣存，故曰其道一也”。意即圣人都是背亡而趋存、趋利而避害的。

〔译文〕

考察古代的历史，圣人之所以能够生活在天地之间，成为超然于民众的先知先觉，是因为他们能够观察到自然万物的阴阳开合，并在万物生成以后给它们命名，他们能知道万物生死存亡的关键所在，并考论出各类事物的开始与结束，通达人心的所思所想，发现它们的形迹，从而固守住其门户。所以圣人能立于天下，从古到今，遵循的道理都是一样的。

变化无穷，各有所归。或阴或阳，或柔或刚；或开或闭，或弛或张①。是故圣人一守司其门户，审察其所先后，度权量能②，校其伎巧短长③。

〔注释〕

①或弛或张：弛张，谓弓弦放松和拉紧。比喻事物之进退、起落、兴废等。《礼记·杂记下》引孔子曰：“一张一弛，文武之道也。”

②度权量能：度量其权谋、才能。《荀子·君道》：“论德而定次，量能而授官。”

③伎巧：技巧。陶弘景注：“伎巧，谓百工之役。言圣人之用人，必量度其谋能之优劣，校考其伎巧之长短，然后因材而任之也。”

〔译文〕

世界万物千变万化、无穷无尽，但最终都各有自己的归宿。或者为阴或者为阳，或者为柔或者为刚；或者是开启的或者是闭合的，或者是放松的或者是紧张的。因此圣人总是能够坚守住事物的关键部分，细致观察事物发展的先后顺序，在用人时能度量其权谋和才能，考校其技巧的长短。

夫贤不肖、智愚、勇怯有差①，乃可捭，乃可阖；乃可进，乃可退；乃可贱，乃可贵；无为以牧之②。审定有无以其实虚③，随其嗜欲以见其志意④。微排其言而捭反之⑤，以求其实，贵得其指⑥；阖而捭之⑦，以求其利。

〔注释〕

①有差：有差等。

②无为以牧之：牧，治理。陶弘景注云“但恭己无为，牧之而已矣”。《鬼谷子》“无为”重在顺应自然并因势利导之。

③以其实虚：以，依凭。秦恩复嘉庆刻本作“与”，此从《道藏》本。实虚，俞棪《鬼谷子新注》云：“《韩非子》曰：‘虚则知实之情，静则知动者正。’此虚实之说也。”

④嗜欲：嗜好与欲望。《荀子·性恶》：“妻子具而孝衰于亲，嗜欲得而信衰于友，爵禄盈而忠衰于君。”志意：心志，精神。《荀子·修身》：“志意修则骄富贵，道义重则轻王公。”

⑤微：暗中，暗地里。微排其言，就是暗中排察对方的言论。这是所

谓的“阖”。捭反之：用“捭”的方式开门见山地反问对方。

⑥指：通“旨”，旨意。

⑦阖而捭之：先用“阖”术后用“捭”术。

〔译文〕

人有贤良的、有不肖的，有睿智的、有愚钝的，有勇敢的、有怯懦的，其品行各有差等，针对不同品行的人，有些人可以开导，有些人可以抑制；有些人可以鼓励进取，有些人可以劝其退却；有些人只能固守贫贱，有些人却可以进身富贵之列；顺应每个人的自然品性而恰当地对待他们，因势利导。根据对方的虚实动静来谨慎地判定他某些品性的有无，依据其嗜好和欲望来发现他的志向和精神。暗中排察对方的言论掌握一定的信息之后，再用“捭”的方式开门见山地反问对方，以求得实情，贵在得到对方的真实意图；这就是先用“阖”术暗中调查对手，再用“捭”术获得信息，以获得有利的东西。

或开而示之，或阖而闭之。开而示之者，同其情也；阖而闭之者，异其诚也。可与不可，审明其计谋，以原其同异①。离合有守，先从其志②。即欲捭之，贵周③；即欲阖之，贵密④。周密之贵微⑤，而与道相追⑥。

〔注释〕

①原：穷究本原。

②“离合有守”二句：陶弘景注：“计谋虽离合不同，但能有所执守，则先从其志以尽之，以知成败之归也。”离合，分合，聚散。

③周：周全。

④密：隐秘。

⑤微：微妙。

⑥与道相追：意即与道一样自然、无形。

〔译文〕

或者公开自己的实情显示给对方，或者隐藏自己的实情不显示给对方。公开自己的实情显示给对方，是因为自己和对方的实情相同；隐藏自己的实情不显示给对方，是因为对方待自己不够诚心。上面的办法可用还是不可用，要仔细地搞清楚对方的计划与谋略，以探究其与己方是相同还是相异。是分是合都要有所执守，但要尽量先顺从对方的志愿。如果要用“捭”的方式，贵在考虑周全；如果要用“阖”的方式，贵在行事隐秘。考虑周全和行事隐秘贵在微妙之道，做到恰到好处，而与“道”相契合。

捭之者，料其情也①；阖之者，结其诚也②。皆见其权衡轻重③，乃为之度数④。圣人因而为之虑。其不中权衡度数，圣人因而自为之虑⑤。故捭者，或捭而出之，或捭而内之⑥。阖者，或阖而取之，或阖而去之。捭阖者，天地之道。捭阖者，以变动阴阳四时，开闭以化万物。纵横、反出、反覆、反忤⑦，必由此矣⑧。

〔注释〕

①料:估量。

②结:交结。

③权衡:称量物体轻重的器具。权,秤锤。衡,秤杆。泛指衡量、比较。

④度数:计量。

⑤"其不中权衡度数"二句:意谓凡是要事先做好打算,如果谋略对策不符合对方的需求,圣人则要为自己的退路做好考虑。《淮南子·人间训》"凡人之举事,莫不先以其知,规虑揣度,而后敢以定谋"与此句意思相近。中(zhòng),符合。

⑥内:古同"纳",接纳。

⑦反忤(wǔ):违背抵牾,互相矛盾。

⑧必由此矣:陶弘景注云"言捭阖之道,或反之,令出于彼;或反之,覆来于此;或反之于彼,忤之于此,皆从捭阖而生,故曰必由此也"。

〔译文〕

实行"捭"的方式,是为了估量对方的实情;实行"阖"的方式,是为了交结对方的诚心。都是为了衡量对方力量的轻重,然后制定相应的谋略对策。圣人因而为之考虑思谋。如果谋略对策不符合对方的需求,圣人则要为自己的退路做好考虑。因此所谓捭,或者通过开启将自己展示出去,或者通过开启将对方接纳进来;所谓阖,或者通过闭合而获取人才,或者通过闭合而摒弃庸才。开启闭合是天地间的自然法则。捭阖,就是变动阴阳四时,通过开启闭合促使万物变化发展。纵和横、反和出、反和覆、反与忤，都是由捭阖产生的。

捭阖者，道之大化[①]，说之变也[②]。必豫审其变化[③]，吉凶大命系焉[④]。口者，心之门户也；心者，神之主也[⑤]。志意、喜欲、思虑、智谋，皆由门户出入。故关之以捭阖，制之以出入。

〔注释〕

①大化：重要变化。《列子·天瑞》："人自生至终，大化有四：婴孩也，少壮也，老耄也，死亡也。"

②说之变：言说的变化。

③豫：预备，事先有准备。也作"预"。

④大命：谓自然之数。《韩非子·扬权》："天有大命，人有大命。"

⑤主：主宰。

〔译文〕

捭阖，是自然法则的重要变化，是游说应变的重要手段。一定要预先考察事物的变化，吉凶大命的关键在于此。口是心灵的门户，心是精神的主宰。人的志向意愿、喜好欲望、思索考虑、智慧谋略，都是通过口这个门户表达出来。因此通过捭阖将它们关闭起来，控制其出入。

捭之者，开也，言也，阳也；阖之者，闭也，默也，阴也[1]。阴阳其和，终始其义[2]。故言长生、安乐、富贵、尊荣、显名、爱好、财利、得意、喜欲为“阳”，曰始。故言死亡、忧患、贫贱、苦辱、弃损、亡利、失意、有害、刑戮、诛罚为“阴”，曰终。诸言法阳之类者[3]，皆曰始，言善以始其事。诸言法阴之类者，皆曰终，言恶以终其谋。

〔注释〕

①“捭之者”八句：陶弘景注云“言上八者若无开闭，事或不节，故关之以捭阖者，所以制其出入。开言于外，故曰阳也；闭情于内，故曰阴也”。默，静默，不言。《周易·系辞上》：“君子之道，或出或处，或默或语。二人同心，其利断金。”

②“阴阳其和”二句：杨慎《鬼谷子评注》云：“一阴一阳则道体现，一捭一阖则事机成。终始其义，终事始事，以捭阖之意行之。”意思是说在行使捭阖之术时，自始至终都要贯彻阴阳之道。

③法：效法。《周易·系辞上》：“崇效天，卑法地。”

〔译文〕

所谓“捭之”，就是开启，就是言说，属于阳；所谓“阖之”，就是闭合，就是静默，属于阴。阴阳调和，自始至终都行之以捭阖。所以说长生、安乐、富贵、尊荣、显名、爱好、财利、得意、喜欲都属于阳，叫作始。所以说死亡、忧患、贫贱、苦辱、弃损、亡利、失意、有害、刑戮、诛罚都属于阴，叫作终。凡是效法上述阳这类的事情，都叫作开始，是说可以用这类善言劝说对方开始做事。凡是效法上述阴这类的事情，都叫作结束，是说可以用恶言终止对方的谋略。

捭阖之道，以阴阳试之①。故与阳言者，依崇高②；与阴言者，依卑小③。以下求小，以高求大。由此言之，无所不出，无所不入，无所不可④。可以说人，可以说家，可以说国，可以说天下。

〔注释〕

①以阴阳试之：阴指性情阴柔之人，阳指性情阳刚之人。此处是阐释如何用捭阖之术来游说这两类人。

②崇高：崇高的事象，上述属于阳类的事物。

③卑小：卑小的事象，上述属于阴类的事物。“故与阳言者”四句：《韩非子·难一》云“凡对问者，有因问小大缓急而对也，所问高大而对以卑狭，则明主弗受也”。俞棪《鬼谷子新注》认为，韩非之说乃本于《鬼谷子》。

④“无所不出”三句：陶弘景注云“阴阳之理尽，小大之情得，故出入皆可。何所不可乎”？

〔译文〕

运用捭阖之术游说时，可以将游说对象分为阴柔之人和阳刚之人。因此与阳刚之人谈话时，就用上述阳类事物的崇高之言鼓动他；与阴柔之人谈话时，就使用上述阴类事物的卑小之言劝阻他。用卑下之言求取小人，用崇高之言求取君子。由此可以说，捭阖之术没有不可以出入的地方，没有什么人可以不被说服。可以游说一人，可以游说一家，可以游说一国，可以游说天下。

为小无内，为大无外[①]。益损、去就、倍反，皆以阴阳御其事[②]。阳动而行，阴止而藏；阳动而出，阴隐而入；阳还终阴，阴极反阳。以阳动者，德相生也；以阴静者，形相成也。以阳求阴，苞以德也[③]；以阴结阳，施以力也。阴阳相求，由捭阖也。此天地阴阳之道，而说人之法也[④]。为万事之先，是谓圆方之门户[⑤]。

〔注释〕

①"为小无内"二句：《吕氏春秋·慎大览·下贤》云"其大无外，其小无内"。高诱注："道在大，能大故无复有外；在小，能小故无复有内。道所贵之也。"

②"益损、去就、倍反"二句：陶弘景注云"以道相成曰益，以事相贼曰损；义乖曰去，志同曰就；去而遂绝曰倍，去而复来曰反。凡此不出阴阳之情，故曰皆以阴阳御其事也"。益损，增减。《战国策·宋卫策》："子听吾言也以说君，勿益损也，君必善子。"倍，通"背"。御，治理。

③苞：通"包"。包裹。《诗经·召南·野有死麕》："野有死麕，白茅包之。"《毛传》："包，裹也。"

④"此天地阴阳之道"二句：陶弘景注云"言既体天地、象阴阳，故其法可以说人也"。

⑤圆方：古人认为天圆地方，因以"圆方"代指天地。语出《淮南子·本经训》："戴圆履方，抱表怀绳。"

〔译文〕

道微则微小至极，道大则无所不包。益损、去就、背反，都可以用阴阳之道来治理。阳道的特征是运动前进，阴道的特征是静止潜藏。阳出来运动，阴就隐藏起来。阳发展到终极就变为阴，阴发展到终极则变为阳。阳动起来就生成德，阴静止下来就生成形体。用阳追求阴，德包裹在里面；以阴结纳阳，力量可以施展。阴阳相互转化，是由于开启闭合。这是天地阴阳的法则，也是游说人的原理，是万事万物的先导，因此叫作天地的门户。

反应第二

〔题解〕

本篇主要讲运用“反覆”等方法观察事物和了解别人,从而做出相应的策略。万事万物都有自己的规律,要善于察古知今,寻求解决问题的方法。同样,要了解一个人的实情,也要善于运用反覆之法。所谓“反”,就是反过来去推求,注意从事物的反面观察推测,“反”的具体手段文中也有例举,如“欲闻其声反默,欲张反敛,欲高反下,欲取反与”,与《老子》第三十六章思想一致;所谓“覆”(复),即回应当下,找到相应的策略。

首先要以静制动,自己少说话,多听对方之言,探求言辞中的真实意图,即“因其言,听其辞”。其次,要会使用反听之术。“言有不合者,反而求之,其应必出”,如果对方言辞不合乎事情的常规,就要通过反问责难的方法,逼迫对方做出回应,露出破绽。这也正是陶弘景题注中所说的:“听言之道,或有不合,必反以难之。彼因难以更思,必有以应也。”最后,作者强调要了解别人首先要了解自己,即“知之始己,自知而后知人也”,此与兵家“知己知彼,百战不殆”精神相合。但这里更侧重于论述人与人之间的相似性，更强调先知己，再去知人。

古之大化者①，乃与无形俱生②。反以观往，覆以验来；反以知古，覆以知今③；反以知彼，覆以知己。动静虚实之理，不合于今，反古而求之。事有反而得覆者，圣人之意也④，不可不察。

〔注释〕

①大化：自然变化。《荀子·天论》："四时代御，阴阳大化，风雨博施。"杨倞注："阴阳大化，谓寒暑变化万物也。"

②无形：陶弘景注云"无形者，道也。动必由道，故曰无形俱生也"。

③"反以观往"四句：陶弘景注云"言大化圣人，稽众舍己，举事重慎，反复详验。欲以知来，先以观往；欲以知今，先以考古；欲以知彼，先度于己。故能举无遗策，动必成功"。《老子》第四十章："反者，道之动。"第十六章："万物并作，吾以观复。"俞棪《鬼谷子新注》云《老子》乃此处反覆之说之所由本也。

④"事有反而得覆者"两句：陶弘景注云"事有不合，反而求彼，翻得覆会于此。成此在于考彼，契今由于求古，斯圣人之意也"。

〔译文〕

自古以来的自然变化，都是与道共生共存的。道可以反过来用以观察过往的历史，又可以回过来验证将来；反过来可以了解古代，回过来可以知晓当今；反过来可以了解对方，回过来可以知晓自己。运动与静止、虚无与存在的道理，如果不合于当今，就返回到古代去寻求。任何事情都有反过去而得到回复的情况，这是圣人的做法，我们不可不认真地去观察。

人言者，动也；己默者①，静也。因其言，听其辞②。言有不合者，反而求之，其应必出③。言有象④，事有比，其有象比，以观其次⑤。象者，象其事。比者，比其辞也。以无形求有声⑥。其钓语合事，得人实也。其犹张罝网而取兽也⑦。多张其会而司之⑧，道合其事，彼自出之，此钓人之网也⑨。

〔注释〕

①默：不说话。《广韵》："不语也。"

②辞：言辞中的真实情况。《礼记·表记》："无辞不相接也。"郑注："辞，所以通情也。"《周易·系辞下》："圣人之情见乎辞。"孔颖达《正义》云："辞则言其圣人所用之情，故观其辞而知其情也。"

③"言有不合者"三句：陶弘景注云"谓言者或不合于理，未可即斥，但反而难之，使自求之，则契理之应，怡然自出也"。《韩非子·扬权》："凡听之道，以其所出，反以为之入。"《吕氏春秋·审应览》："以其出，为之入，以其言，为之名。取其实，以责其名。"俞棪《鬼谷子新注》云此均反应之术也。

④象：拟象。《周易·系辞上》："是故夫象，圣人有以见天下之赜，而拟诸其形容，象其物宜，是故谓之象。"《系辞下》："是故《易》者，象也；象也者，像也。"

⑤次：次第，顺序。此处指说话是否符合逻辑。

⑥以无形求有声：陶弘景注云“理在玄微，故无形也。无言则不彰，故以无形求有声，声即言也”。

⑦犹：像……一样。罝（jū）：原指捕兔子的网，后泛指捕鸟兽的网。《尔雅·释器》：“兔罟谓之罝。”

⑧会：聚集。此处指野兽出没聚集的地方。司：通“伺”，伺机。

⑨钓人之网：陶弘景注云“张网而司之，彼兽自得，道合其事，彼理自出，言理既彰，圣贤斯辨，虽欲自隐，其道无由，故曰钓人之网也”。

〔译文〕

别人在说话，是动；自己沉默，是静。根据对方的言谈，听取其言辞的真实意图。如果对方言辞不符合事实，继续反问他而探求其真意，在他的回答中就一定能露出端倪。言辞有外在的表象，事情有类比的特征，通过观察言辞的外在表象和探求事情的类比特征，就可以观察对方的语言逻辑。象，是形象地描述事情。比，是用同类的言辞类比。象和比都是用无形的言辞来求得对方的回应。用言语引诱对方说出合乎事情的话，就得到了对方的实情。这就像张开网罟猎取野兽一样，在野兽出没的地方多设罗网等待它的到来，只要方法合乎事理，对方自然就会露出实情，这就是钓人的网。

常持其网驱之。其不言无比，乃为之变。以象动之[1]，以报其心[2]，见其情，随而牧之[3]。己反往，彼覆来，言有象比，因而定基[4]。重之袭之，反之覆之，万事不失其辞[5]。圣人所诱愚智，事皆不疑。故善反听者，乃变鬼神以得其情[⑥]。其变当也，而牧之审也[⑦]。牧之不审，得情不明；得情不明，定基不审[⑧]。

〔注释〕

①“常持其网驱之”四句：用形象的语言触动对方，以合对方的心意，从而使对方的真情再现，随后就可以控制他。《管子·白心》：“知其象则索其形，缘其理则知其情，索其端则知其名。”

②报：合。《礼记·丧服小记》：“诎而反以报之。”郑玄注：“报，犹合也。”

③牧：掌控。《荀子·成相》：“请牧基，贤者思。”杨倞注：“牧，治。”

④定基：制定根本策略。基，根本。

⑤“重之袭之”三句：意谓通过与对方的反复交谈，再分析对方言语中的象比，就可以从中得到事情的真相。陶弘景注：“谓象比之言，既可以定基。然后重之袭之、反之覆之，皆谓再三详审，不容谬妄。故能万事允惬，无复失其辞也。”袭，因袭，照旧。

⑥“故善反听者”两句：意谓使用反听术，要像鬼神一样变化多种途径引诱对方开口说话，从而得出事情的真相。陶弘景注：“言善反听者，乃坐忘遗鉴，不思玄览，故能变鬼神以得其情，洞幽微而冥会。夫鬼神本密，今则不能，故曰变也。”

⑦“其变当也”两句：是说与对方交谈时应变得当，就能很好地掌控对方的信息。陶弘景注：“言既变而当理，然后牧之之道审也。”审，仔细，详尽。《荀子·非相》：“欲知上世，则审周道。”杨倞注：“审，谓详观其道也。”

⑧“牧之不审”四句：陶弘景注云“情明在于审牧，故不审则不明；审基在于情明，故不明则不审”。

〔译文〕

要经常拿着这样的网驱使对方。对方如果不说话或者言语中没有可供我们类比推理的信息，就要变化交谈的方式。用形象的语言触动对方，以合对方的心意，从而使对方的真情再现，随后就可以控制他。己方反推过去，对方就会回应过来，言语有拟象有类比，从而能够确定根本策略。如此反复多次，任何事情都可以从言辞中窥察出来。圣人将此用于任何愚者和智者，都不会有任何疑惑。所以善于使用反听之术的人，可以像鬼神一样变幻莫测地得到对方的真实情况。言语应变得当，从而能够详尽地掌控对方的信息。如果无法详尽地掌控对方的信息，得到的情况就不明确；得到的情况不明确，就不能详尽地制定根本策略。

变象比，必有反辞①，以还听之。欲闻其声反默，欲张反敛，欲高反下，欲取反与②。欲开情者，象而比之，以牧其辞③。同声相呼④，实理同归。

〔注释〕

①反辞：反应对答的言辞。

②“欲闻其声反默”四句：这是讲反听之术的具体方法。此与《老子》第三十六章“将欲歙之，必固张之；将欲弱之，必固强之；将欲废之，必固兴之；将欲夺之，必固与之”意思相近。或承袭自《老子》。陶弘景注：“此言反听之道，有以诱致之，故欲闻彼声，我反静默；欲彼开张，我反睑敛；欲彼高大，我反卑下；欲彼收取，我反施与。如此则物情可致，无能自隐也。”敛

(liǎn),收束起来。《说文》:“敛,收也。”

③“欲开情者”三句:陶弘景注云“欲开彼情,先设象比以动之。彼情既动,将欲生辞;徐徐牧养,令其自言。譬犹鹤鸣于阴,声同必应,故能实理相归也”。

④同声相呼:《吕氏春秋·有始览·应同》:“类固相召,气同则合,声比则应。”《韩诗外传》卷一:“音乐有和,物类相感,同声相应。”

〔译文〕

己方变换交谈语言的拟象和类比,对方一定会有回应的言辞,再从中听取相关信息。想要听到对方的声音,自己就要先静默不言;想要让对方张开,自己就要先收敛起来;想要抬高就先降下来;想要取得就要先给予。想要打开对方的内心真情,就通过言语的拟象和类比,来掌控他言辞中的真实意图。相同的声音会彼此呼应,道理相同就会归向一处。

或因此,或因彼①,或以事上,或以牧下②。此听真伪,知同异③,得其情诈也④。动作言默,与此出入,喜怒由此以见其式⑤。皆以先定为之法则。以反求覆,观其所托。故用此者,己欲平静,以听其辞,察其事,论万物,别雄雌⑥。虽非其事,见微知类⑦。若探人而居其内,量其能,射其意,符应不失⑧,如螣蛇之所指⑨,若羿之引矢⑩。

〔注释〕

①“或因此”二句：陶弘景注云“谓所言之事，或因此发端，或因彼发端”。

②“或以事上”二句：这是形容言谈的方式，或者言辞谦卑像侍奉上级一样，或者气势威严像管控下属一样。

③知同异：用五官感知事物的异同。《荀子·正名》：“然则何缘而以同异？曰：缘天官。凡同类同情者，其天官之意物也同。故比方之疑似而通，是所以共其约名以相期也。”

④情诈：实情与伪诈。

⑤式：法式。《逸周书·谥法解》：“式，法也。”

⑥“己欲平静”五句：陶弘景注云“谓听言之道，先自平静，既得其辞，然后察其事，或论序万物，或分别雄雌也”。《吕氏春秋·审分览》：“按其实而审其名，以求其情；听其言而察其类，无使放悖。”雄雌，比喻胜败、高下、强弱。《史记·项羽本纪》：“愿与汉王挑战，决雌雄。”

⑦见微知类：从微小的征兆中了解同类的事情。《韩非子·说林上》：“圣人见微以知萌，见端以知末，故见象箸而怖，知天下不足也。”

⑧符应：天象与人事相呼应的征兆。

⑨螣(téng)蛇：传说一种能在云雾中游飞的蛇。《荀子·劝学》：“螣蛇无足而飞，鼫鼠五技而穷。”杨倞注：“《尔雅》云：‘螣，螣蛇。’郭璞云：‘龙类，能兴云雾而游其中也。’”

⑩羿：(yì)：传说为帝尧时一位善于射箭的人物，亦称“后羿”“夷羿”。《淮南子·本经训》记载了羿射十日的故事：“逮至尧之时，十日并出，焦禾稼，杀草木，而民无所食。猰貐、凿齿、九婴、大风、封豨、修蛇皆为民害。尧乃使羿诛凿齿于畴华之野，杀九婴于凶水之上，缴大风于青丘之泽，上

射十日而下杀猰貐，断修蛇于洞庭，擒封豨于桑林。”

〔译文〕

言语交谈或者顺着此事而开始，或者顺着彼事而发端，或者言辞谦卑像侍奉上级一样，或者气势威严像管控下属一样。这些都是可以用来辨别对方话语真假，了解双方异同，获得对方言辞中实情或伪诈的方法。行为举止、言语或静默，都可以与此相对照，喜怒之情都可以依此来看出一定的规律。这些都是用来观察对方而事先制定的一些法则。用反听之术来求取对方的回应，观察其言辞中所寄托的真情。所以使用这种方法的时候，自己要心平气静地倾听对方的言辞，探察言辞中所论及的事情，考论其他事物，区别异同。即使对方所谈并非那件事情，但也可以从微小的征兆中了解同类的事情。这就像研究人一样，居住在他的心中可以测量他的能力，猜中他的意图，如符应一样不会失败，像螣蛇所指祸福不差，像后羿拉开弓箭百发百中。

故知之始己，自知而后知人也。其相知也，若比目之鱼[①]；其见形也，若光之与影。其察言也不失，若磁石之取针，如舌之取燔骨[②]。其与人也微，其见情也疾，如阴与阳，如圆与方[③]。未见形，圆以道之；既见形，方以事之。进退左右[④]，以是司之[⑤]。己不先定，牧人不正。事用不巧，是谓忘情失道[⑥]。己审先定以牧人，策而无形容⑦,莫见其门⑧,是谓天神⑨。

〔注释〕

①比目之鱼:传说比目鱼仅有一只眼睛,须两两相并才能游行。常喻指形影不离的夫妻。

②燔(fán)骨:炙肉中的骨头。

③"如阴与阳"两句:陶弘景注云"君臣之道,取类股肱,比之一体,其来尚矣。故其相成也,如阴与阳;其相形也,犹圆与方"。

④进退左右:指一切行动。《淮南子·要略》:"诚明其意,进退左右无所失击危,乘势以为资,清静以为常。"

⑤司:主管,操作。

⑥忘情失道:陶弘景注云"用事不巧,则操末续颠,圆凿方枘,情道两失,故曰忘情失道也"。

⑦形容:事物呈现出的形式、状态。《毛诗序》:"《颂》者,美盛德之形容。"

⑧门:门径,门道儿。

⑨天神:陶弘景注云"见形而不及道,日用而不知,故谓之天神也"。

〔译文〕

因此若要了解别人先要从了解自己开始,了解了自己然后才能更好地了解别人。这样的知己知彼,就像比目鱼两两相并才能游行一样密不可分;这样的了解,就像有了光就会投出影来一样。审查言论不会出现失误,就像磁石吸取铁针,像舌头舔食烤熟的骨肉一样轻松容易。我们给予对方的信息很少,而得到对方的实情却很快,无论阴与阳还是圆与方,我们都可以应对。当对方行迹没有显露的时候,我们就用圆通灵活的方式处理;当对方行迹已经显露的时候,我们就用具体的方式方法来应对。进退左右都按照此种原则来操作。如果自己事先不制定好策略,就不能正确地掌控对方。处理事情不灵活巧妙,就会违反规律错失实情。自己事先制定好策略以驾驭别人,计谋要不漏形迹,让对方看不到门径,这就是“天神”。

内揵第三

〔题解〕

纵横策士想要游说国君建功立业,必须能够建言献策,并得到国君的信任。如何能够真正结交国君并进一步影响和驾驭国君,正是本篇所讲的“内揵”之术。何谓“内揵”,作者云:“内者,进说辞;揵者,揵所谋也。”即向国君进献说辞、称举谋略,此是表面意思。内揵,简单说就是君臣内心相守。陶弘景于本篇题注所云更为切合实际:“揵者,持之令固也。言上下之交,必内情相得,然后结固而不离。”内是指君臣相交要得内情,揵是指结交牢固。

文中指出,君臣上下之间的关系非常微妙,君臣结交并不以距离的远近为条件,而是“皆有内揵,素结本始”,是依靠平时的交结和内心的相守。那么结交国君的具体方法有哪些呢,根据不同的对象要采用不同的方法:有的以道德相结交,有的以党友相结交,有的以财货相结交,有的以采色相结交。但不管用哪种方法,都要遵循一条基本原则,即“顺其意”,只有顺应君主之意才能随心所欲。作者还对君臣上下三种关系产生的原因进行了分析，并总结说："不见其类而为之者，见逆；不得其情而说之者，见非。"其中提到如果得不到内情而游说的话就会被否定，强调了内情的重要性。于是下文就展开了对"内情"的论述，认为"必得其情"，才能"可出可入，可揵可开"。文章最后还指出，如果国君能够辅佐，就帮助其整顿朝政、治理民众，即做到"揵而内合"；如果国君昏庸，群臣混乱，那就"揵而反之"，做到进退自如，莫知所为。

刘向《说苑·善说》曾引《鬼谷子》曰："人之不善而能矫之者，难矣。说之不行，言之不从者，其辩之不明也；既明而不行者，持之不固也；既固而不行者，未中其心之所善也。辩之，明之，持之，固之，又中其人之所善，其言神而珍，白而分，能入于人之心。如此而说不行者，天下未尝闻也。"今本《鬼谷子》无此段文句，余嘉锡认为是《内揵篇》佚文（见《古书通例》卷一）。另外，《邓析子》文与本篇"事有不合者，有所未知也"至"合于谋以待决事也"一段文字相近，《邓析子·无厚》篇言："夫合事有不合者，知与未知也。合而不结者，阳亲而阴疏。故远而亲者，志相应也；近而疏者，志不合也；就而不用者，策不得也；去而反求者，无违行也；近而不御者，心相乖也；远而相思者，合其谋也。"

君臣上下之事，有远而亲，近而疏①，就之不用，去之反求②。日进前而不御，遥闻声而相思③。事皆有内揵④，素结本始⑤。或结以道德，或结以党友，或结以财货,或结以采色⑥。用其意,欲入则入,欲出则出;欲亲则亲,欲疏则疏;欲就则就,欲去则去;欲求则求,欲思则思。若蚨母之从其子也⑦,出无间,入无朕⑧,独往独来,莫之能止。

〔注释〕

①“有远而亲”二句:陶弘景注云“道合则远而亲,情乖则近而疏”。《邓析子·无厚》篇“事有远而亲,近而疏,就而不用,去而反求”,与此段文字相近。

②“就之不用”二句:陶弘景注云“非其意,则就之而不用;顺其事,则去之反求”。就,靠近。

③“日进前而不御”两句:《文心雕龙·知音》曾引此两句。御,进用。声,言语,音讯。

④事皆有内揵:事情皆有内部相固守的环节。揵,通“楗”,门栓。《老子》第二十七章:“善闭,无关楗而不可开。”内揵,内部的闭合和相守。《庄子·庚桑楚》:“夫外韄者不可繁而捉,将内揵;内韄者不可缪而捉,将外揵。”郭象注:“揵,关揵也。”

⑤素结本始:平时的结交源于本初的内心相通。陶弘景注:“言或有远而相亲,去之反求,闻声而思者,皆由内合相持,素结其始,故曰皆有内揵,素结本始也。”素,向来,一向。本始,本初,原始。

⑥“或结以道德”四句:陶弘景注:“结以道德,谓以道德结连于君,若帝之臣,名为臣,实为师也。结以党友,谓以友道结连于君。王者之臣,名为臣,实为友也。结以货财,结以采色,谓若桀、纣之臣费仲、恶来之类是也。”党友,朋党。采色,指绚丽的颜色。《淮南子·齐俗训》:“听失于诽誉,而目淫于采色。”

⑦蛈（tiě）母：即螲蟷，也称蛈蝪（tāng）。陶弘景注："蛈母，螲蟷也。似蜘蛛，在穴中，有盖。"

⑧"出无间"二句：陶弘景注："言蛈母养子，以盖覆穴，出入往来，初无间朕，故物不能止之。今内揵之臣，委曲从君，以自结固，无有间隙，亦由是也。"朕，形迹，征兆。《淮南子·诠言训》："行无迹，游无朕。"许慎注："朕，兆。"

〔译文〕

君臣上下之间的关系，有的相距远却反而亲近，有的相距近却反而疏远，有的主动靠近却得不到重用，有的已经离开却又去寻求。整天在身边的人不被进用，很远听到他的音讯就想念他。事物皆有内在的关系，原本就已经结交在一起了。有的以道德相结交，有的以党友相结交，有的以财货相结交，有的以采色相结交。顺应君主之意，想进入就进入，想出来就出来；想要亲近就亲近，想要疏远就疏远；想要靠近就靠近，想要离开就离开；想要求取就求取，想让君主思念就思念。就像蛈母与它的幼子一样，出入无间，形影相随，独来独往，没有人能够阻止。

内者，进说辞也；揵者，揵所谋也[①]。欲说者，务隐度[②]；计事者，务循顺。阴虑可否，明言得失，以御其志[③]。方来应时[④]，以合其谋。详思来揵，往应时当也。

〔注释〕

①“内者”四句：陶弘景注云“说辞既进，内结于君，故曰内者，进说辞也。度情为谋，君必持而不舍，故曰揵者，揵所谋也”。

②务：必须，一定。《左传·隐公六年》：“见恶，如农夫之务去草焉。”

③以御其志：以迎合国君的心志。御（yà）：迎。《诗经·召南·鹊巢》：“之子于归，百两御之。”郑《笺》：“御，迎也。”陆德明《经典释文》：“御，五嫁反，本亦作讶，又作迓。”

④方来应时：是说进献计谋要顺应时势。《吕氏春秋·慎大览·不广》：“智者之举事必因时。”

〔译文〕

所谓内，就是向国君进献说辞；所谓揵，就是向国君筹划计谋的关键环节。想要游说君主就一定要暗中揣度君主的好恶；出谋划策的人也一定要顺应君主的心意。暗中考虑计谋是否可行，公开讲清楚计策的得失，以此来迎合君主的心志。进献计谋要顺应时势，又要合乎君主的谋划。总之进献计谋之前要考虑周详，进言的内容又要符合时宜。

夫内有不合者，不可施行也①。乃揣切时宜，从便所为，以求其变。以变求内者，若管取揵②。言往者，先顺辞也；说来者，以变言也。善变者，审知地势③，乃通于天；以化四时，使鬼神④，合于阴阳，而牧人民⑤。见其谋事，知其志意。事有不合者，有所未知也。合而不结者⑥，阳亲而阴疏。事有不合者，圣人不为谋也。

〔注释〕

①施行：行动。《墨子·明鬼下》："虽有深溪博林幽涧毋人之所，施行不可以不董，见有鬼神视之。"

②若管取揵：就像用钥匙开锁一样。管，钥匙。揵，通"键"，锁簧。《周礼·地官司徒下·司门》："掌授管键，以启闭国门。"郑玄注引郑司农曰："管谓籥也，键谓牡。"

③地势：土地山川的形势。《周礼·考工记·匠人》："凡天下之地势，两山之间，必有川焉。"

④使鬼神：驱使鬼神。《管子·枢言》："人以德使，鬼神以祥使。"

⑤牧：统治，治理。《管子·牧民》："凡有地牧民者，务在四时。"

⑥合而不结：计谋与君主心意相合，但不能内心结交。

〔译文〕

如果所进说辞有不合于君主心意的，就不可以付诸行动。这时就要揣摩研究当下的形势需要，从有利于君主方便实施的角度出发，以调整策略的变化。以变化来结交君主，就像用钥匙开锁一样能够取得即时的效果。游说君主说到以往的历史时，要用顺辞，即肯定君主的所为；当谈到未来的事情时，要以变化的言辞来应对，即留有余地。善于应变的人，能够熟悉各国的地理形势，精通天文；能够顺应四时变化，役使鬼神，合于阴阳变化的规律，从而很好地治理人民。通过观察君主谋划的事情，就可以了解他的志向与意图。如果我们所做的事情最终不能符合君主的意愿，那是我们对君主的意愿没有完全把握。虽然计谋与君主相合却不能结交君主，是因为与君主只是表面上的亲近，内心还是很疏远。如果与君主不能达到心意相合，圣人是不会为之谋划的。

故远而亲者，有阴德也①；近而疏者，志不合也。就而不用者，策不得也②；去而反求者，事中来也③。日进前而不御者，施不合也；遥闻声而相思者，合于谋以待决事也④。故曰：不见其类而为之者，见逆⑤；不得其情而说之者，见非。得其情，乃制其术⑥。此用可出可入，可揵可开。故圣人立事⑦，以此先知而揵万物。

〔注释〕

①阴德：暗中做的有德于人的事。《淮南子·人间训》："有阴德者必有阳报，有阴行者必有昭名。"

②不得：不适合，不契合。

③事中来：事情恰好合于将来，意即计策得到了后来事情的验证。陶弘景注："谓所言当时未合，事过始验，故曰事中来也。"

④决事：决断事情，处理公务。

⑤"不见其类而为之者"二句：找不到双方的相似之处就去游说，必然遭到拒绝。陶弘景注："言不得其情类而说之者，若北辕适楚，陈轸游秦，所以见非逆也。"类，相似。

⑥"得其情"二句：得到对方的实情，才能成功驾驭内揵之术。陶弘景注："得其情则鸿遇长风、鱼纵大壑，沛然莫之能御，故能制其术也。"

⑦立事：建功立业。《管子·版法》："凡将立事，正彼天植。"房玄龄注："立经国之事。"

〔译文〕

所以相距远却反而亲密的，是因为他们暗中做了有德于人的事；相距近却反而是疏远的，是因为他们志向不合。主动靠近的人却不被重用，是因为他们的计策不适合；离开了却反而去寻找的，是因为得到了后来事情的验证。整天围绕在身边却不被重用的，是因为他们的措施不合于君主的心意；遥远听到他们的声讯而思念的，是因为他们的计谋相合而等待前来决断事情。如果找不到双方的相似之处就去游说，必然遭到拒绝。如果得不到对方的实情而去游说，同样会被否定。只有得到了对方的实情，才能驾驭内揵之术。运用此术才能自由出入，任意开揵。因此圣人建功立业，由此预先了解事物的实情从而很好地把握和驾驭万事万物。

由夫道德、仁义、礼乐、忠信、计谋，先取《诗》《书》①，混说损益，议论去就。欲合者用内②，欲去者用外。外内者必明道数③。揣策来事，见疑决之。策无失计，立功建德④。

〔注释〕

①《诗》《书》：《诗经》和《尚书》，是先秦儒家非常重要的两部经典。

②欲合者用内：陶弘景注云“内谓情内，外谓情外。得情自合，失情自去，此盖理之常也”。

③道数：道理和方法。

④“策无失计”两句：陶弘景注云“既能明道数，故策无失计。策无失计，乃立功建德也”。

〔译文〕

从道德、仁义、礼乐、忠信、计谋等几个方面向国君进言，先征引《诗经》《尚书》来论证自己的言辞，再结合时势进行增减，讨论决定离开还是留下。想要与国君相合就要充分运用内情，想要离开国君就把自己置身于外。无论是否运用内情，都必须明晓其中的道理和方法。对于未来的事情要好好揣测，遇到疑难之事善于决断。做到计策不失败，就一定能够创建功业树立德行。

治名入产业，曰揵而内合①。上暗不治②，下乱不寤③，揵而反之④。内自得而外不留，说而飞之⑤，若命自来⑥，己迎而御之；若欲去之，因危与之⑦。环转因化，莫知所为⑧，退为大仪⑨。

〔注释〕

①“治名入产业”二句：意谓通过整顿朝政和治理民众这样关键的谋划，就可以与国君结交。陶弘景注：“理君臣之名，使上下有序；入贡赋之业，使远近无差。上下有序，则职分明；远近无差，则徭役简。如此则为国

之基日固,故曰揵而内合也。”

②不治:不治理朝政。《国语·齐语》:“教不善则政不治。”韦昭注:“治,理也。”

③下乱:指群臣混乱不作为。《大戴礼记·盛德》:“官属不理、分职不明、法政不一、百事失纪,曰乱也。”寤:觉醒。《楚辞·离骚》:“哲王又不寤。”王逸注:“寤,觉也。”

④揵而反之:意谓离开国君不再为其出谋划策。陶弘景注:“上暗不治其任,下乱不寤其萌,如此天下无邦,域中旷主。兼昧者,可行其事;侮亡者,由是而兴,故曰揵而反之。”

⑤说而飞之:进言称颂、赞扬他。陶弘景注:“言自贤之主,自以所行为得,而外不留贤者之说。如此者,则为作声誉而飞扬之,以钓其欢心也。”飞,称颂,赞扬。

⑥命:令,这里指征召之令。

⑦因危:趁着危乱。

⑧莫知所为:没有人知道其所作所为。

⑨退为大仪:进退的基本原则。陶弘景注:“去就之际,反复量宜,如圆环之转,因彼变化。虽优者莫知其所为,如是而退,可谓全身大仪。仪者,法也。”

〔译文〕

帮助国君理顺君臣关系、整顿朝政,进而帮助民众增加产业,这就是为国君办理了最关键的事情从而与国君结交了关系。如果国君昏暗不治理朝政,臣下秩序混乱不清醒,就可以不再为其进献计谋。对那些自以为是而不留用贤人的君主,要假意颂扬他以赢得其信任。如果我们被君主征召任命,就要先迎合他然后再控制他；如果想要离开国君，趁着危乱的时候去做。无论进退，都要做到像圆环一样旋转变化，让人不知道自己所作所为的意图，这就是进退的基本原则。

抵巇第四

〔题解〕

世间万物在发展变化过程中都会出现裂痕，就是本文所说的“巇”，当出现了裂痕我们就要想办法去弥补，这种处理裂缝的措施就是文中所说的“抵”。可是裂缝会由小变大，“巇者，罅也。罅者，㵎也。㵎者，成大隙也”，由此，在处理不同的裂缝时就要用不同的方法。陶弘景题注云：“抵，击实也。巇，衅隙也。墙崩因隙，器坏因衅。方其衅隙而击实之，则墙器不败，若不可救，因而除之，更有所营置，人事亦犹是也。”陶弘景用墙出现裂缝作为例子说明了处理裂缝的两种方法：一是击打墙体弥补缝隙，一是墙体已毁坏到不可救，就除掉它。器物如此，而人事亦是如此。所以作为纵横术的“抵巇”，在处理人事的争斗时亦有两种方法：一是“抵而塞之”。这种方法适用于事情刚出现裂缝时，还可以通过堵塞弥补的方法进行治理；一是“抵而得之”。这种方法适用于裂缝已经无法弥补，只能推倒重来，毁旧建新，取而代之。

文章最后作者还讲到圣人既能用捭阖之术窥察自然万物，

又能用抵巇之法处理人事。圣人是天地的使者,“世无可抵,则深隐而待时;时有可抵,则为之谋”,运用抵巇之术要因循自然,把握时机,从而成为天地的守护者。

物有自然,事有合离。有近而不可见,有远而可知。近而不可见者,不察其辞也。远而可知者,反往以验来也①。巇者,罅也②。罅者,峒也③。峒者,成大隙也。巇始有朕④,可抵而塞,可抵而却,可抵而息,可抵而匿,可抵而得。此谓抵巇之理也⑤。

〔注释〕

①“有近而不可见”六句:陶弘景注云“察辞观行,则近情可见;反往验来,则远事可知。古犹今也,故反考往古,则可验来,故曰反往以验来也”。

②巇(xī):缝隙。罅(xià):裂缝。

③峒:通“涧”,山间的水道。《说文》:“涧,山夹水也。”

④朕(zhèn):征兆,迹象。

⑤“可抵而塞”六句:陶弘景注云“自中成者,可抵而塞;自外来者,可抵而却;自下生者,可抵而息;其萌微者,可抵而匿;都不可治者,可抵而得。深知此五者,然后善抵巇之理也”。抵,挤,推。却,退却。息,停止。得,获取,取得。

〔译文〕

万物都有自然规律,事情也都有聚合与分离。有的离得很近却看不到,有的离得很远却可以了解。离得近却看不见,是因为没有观察其言辞。离得远却可以了解，是因为考察古代可以验证将来。巇就是小裂缝，小裂缝会变成像山涧一样的裂缝。山涧，已经是形成的大缝隙了。小缝隙刚开始出现的时候会有征兆，如果是内部出现缝隙可以堵塞它，如果是外部出现缝隙可以抵挡使之退却，如果缝隙来自下面可以抵挡它使之停止，如果是缝隙刚开始萌芽可以排挤它使之消失，如果缝隙大到都不能弥补的时候，就要推翻它取而代之。这就是“抵巇”的原理。

事之危也，圣人知之，独保其身[①]。因化说事，通达计谋，以识细微。经起秋毫之末，挥之于太山之本[②]。其施外，兆萌牙蘖之谋[③]，皆由抵巇。抵巇之隙，为道术用[④]。

〔注释〕

①独保其身：陶弘景注云“形而上者谓之圣人。故危兆才形，朗然先觉，既明且哲，故独保其用也”。

②“经起秋毫之末”两句：谓事物的发展变化都是由小到大。经，陶弘景注：“始也。”挥，摇动。《庄子·齐物论》：“天下莫大于秋毫之末，而太山为小。”

③牙蘖（niè）：草木新生的枝芽，引申为始端、端绪。《淮南子·俶真训》：“所谓有始者，繁愤未发，萌兆牙蘖，未有形埒垠堮。”

④“抵巇之隙”二句：陶弘景注云“宫乱政施外兆萌牙孽之时，智谋因此而起，盖由善抵巇之理，故能不失其机。然则巇隙既发，乃可行道术，故曰：巇隙为道术用也”。

〔译文〕

事情出现危险的征兆时，圣人就已经知道了，并做到保全自身。根据事情的变化分析论说，通晓各种计谋，识别事情的细微之处。事物的变化，无一不是起于秋毫之末，渐次发展而动摇泰山的根本。圣人向外施展计谋都是从事物的萌芽之时开始的，这些都从抵巇原理得来的。运用抵巇之法弥合间隙，是圣人常用的道术。

天下纷错①，士无明主，公侯无道德，则小人谗贼②；贤人不用，圣人窜匿③，贪利诈伪者作④；君臣相惑⑤，土崩瓦解而相伐射⑥；父子离散，乖乱反目⑦，是谓萌牙巇罅。圣人见萌芽巇罅，则抵之以法。世可以治则抵而塞之，不可治则抵而得之。或抵如此，或抵如彼。或抵反之，或抵覆之⑧。五帝之政，抵而塞之。三王之事，抵而得之。诸侯相抵，不可胜数⑨。当此之时，能抵为右⑩。

〔注释〕

①纷错：纷繁杂乱。《楚辞·九叹·忧苦》："思余俗之流风兮，心纷错而不受。"王逸注："纷错，愦乱也。"

②谗贼：诽谤中伤，残害良善。《诗经·陈风·防有鹊巢序》："《防有鹊巢》，忧谗贼也。"

③窜匿：逃窜隐藏。

④贪利：贪求利益。《管子·重令》："贪利之人，将以此收货聚财。"诈伪：巧诈虚伪。《淮南子·本经训》："机械诈伪，莫藏于心。"

⑤惑：迷乱，迷惑。《说文》："惑，乱也。"

⑥土崩瓦解：土倒塌，瓦碎裂，比喻彻底崩溃。汉班固《秦纪论》："秦之积衰，天下土崩瓦解。"

⑦乖乱：变乱，动乱。《左传·昭公二十三年》："诸侯乖乱，楚必大奔。"

⑧"或抵如此"四句：陶弘景注云"如此谓抵而塞之，如彼谓抵而得之；反之谓助之为理，覆之谓自取其国"。

⑨"五帝之政"六句：陶弘景注云"五帝之政，世犹可理，故曰抵而塞之，是以有禅让之事。三王之事，世不可理，故曰抵而得之，是以有征伐之事"。五帝，一般是指传说中的黄帝、颛顼、帝喾、尧、舜五位帝王，另外还有其他不同的说法，相传当时的帝位施行禅让。三王，是指夏禹、商汤、周文王、武王，夏、商、周三代以征伐得天下。

⑩右：上，古代以右为尊。

〔译文〕

天下纷繁杂乱，士人遇不到贤明的君主，公侯大臣丧失道德，于是小人猖狂，到处诽谤伤害良善之士；贤人得不到重用，圣人到处逃窜隐藏，而那些贪图利益、巧诈虚伪之徒则乘机兴风作浪；君臣互相迷惑，国家崩溃互相攻伐争战；家庭离散，父子反目成仇，这就是国家出现裂缝的状态。圣人见到这种裂缝的状态，就用抵巇之法来治理。如果国家还可以治理就堵塞裂缝，如果不可以治理就推翻它取而代之。或者用抵的手法堵塞缝隙，或者用抵的手法取代它。或者用抵的手法反过来，或者用抵的手法倒过去。五帝时期的政治，天子禅让，可以辅助治理。夏、商、周三代时期已是王位世袭，可以去旧换新。春秋战国之时，诸侯相互征伐不计其数。在这个时候，要以善于运用抵巇之法为上策。

自天地之合离、终始①，必有巇隙，不可不察也。察之以捭阖，能用此道，圣人也。圣人者，天地之使也。世无可抵，则深隐而待时②；时有可抵，则为之谋。此道可以上合，可以检下③。能因能循④，为天地守神⑤。

〔注释〕

①终始：从开头到结局，事物发生演变的全过程。《礼记·大学》："物有本末，事有终始，知所先后，则近道矣。"

②深隐而待时：隐藏起来等待时机。《论语·泰伯》："天下有道则见，无道则隐。"

③"此道可以上合"两句：陶弘景注云"上合谓抵而塞之，助时为治；检下谓抵而得之，使来归己也"。

④能因能循：能够做到顺应自然。《史记·太史公自序》："道家无为，又曰无不为，其实易行，其辞难知。其术以虚无为本，以因循为用。"张守节《史记正义》："任自然也。"

⑤天地守神：俞樾《读书余录》云"《国语·鲁语》曰：'山川之灵，足以纪纲天下者，其守为神；社稷之守为公侯。'故此云为天地守神"。

〔译文〕

自天地形成以来，任何事物都有发展演变的过程，这其中一定会有缝隙，不可不慎重观察。用捭阖之道审慎观察以上道理，并能够运用抵巇之法的，是圣人。圣人是天地万物的使者。当今之世如没有缝隙可以利用，就隐居深山以待时机；如果有缝隙可利用的时机，就为之出谋划策。抵巇这种道术可以帮助圣君治理天下，也可以自己拥有天下。能够做到顺应自然，就能成为天地万物的守护者。

飞箝第五

〔题解〕

何谓“飞箝”呢？陶弘景注云：“飞，谓作声誉以飞扬之；箝，谓牵持缄束，令不得脱也。言取人之道，先作声誉以飞扬之。彼必露情竭志而无隐，然后因其所好，牵持缄束，令不得转移也。”简言之，就是先赞扬对方，让其吐露真情，从而控制住对方。因此本篇主要讲的就是控制人的权术。

在使用飞箝术之前，要详细了解对方，即“度权量能”，充分考量其权谋和才能。如何度权量能呢？作者又给出了具体的措施：“察同异之党，别是非之语，见内外之辞……”通过各方面的综合考察之后，再决定是否征用。运用飞箝术的关键在于“钩箝之辞”，陶弘景说：“钩谓诱致其情……得情即箝持之，令不得脱移，故曰钩箝。”钩箝之辞一定要灵活、变化，即“乍同乍异”，要随机应变，或开或合，或同或异。对于使用飞箝之辞不能奏效的人，文章也给出了解决的办法，即“重累”之法。

飞箝之术可以用于诸侯国君，也可以用于个人。运用于诸侯国君，要先了解这个国家的国情、国君的权谋和才能，然后用飞箝之辞钩其所好，加以钳制，使其听从自己的意见。运用于个人，同样要先对这个人“量智能，权材力”，进而以箝和之，以意宣之，达到与其联结在一起的目的。飞箝之术运用得好，对方就可以任你驱使，而且自己并没有付出多少代价，可谓“空往而实来”，一本万利。

凡度权量能，所以征远来近①。立势而制事②，必先察同异，别是非之语，见内外之辞，知有无之数③，决安危之计④，定亲疏之事⑤。然后乃权量之，其有隐括⑥，乃可征，乃可求，乃可用。

〔注释〕

①“凡度权量能”二句：大凡揣度人的权谋、考量人的才干，目的都是为了征召远近的人才。陶弘景注：“凡度其权略，量其材能，为作声誉者，所以征远而来近也。谓贤者所在，或远或近，以此征来，若燕昭尊郭隗，即其事也。”

②制事：处理政治、军事等大事。《管子·禁藏》：“圣人之制事也，能节宫室、适车舆以实藏，则国必富、位必尊。”

③“见内外之辞”二句：陶弘景注云“外谓浮虚，内谓情实，有无谓道术能否，又必见其情伪之辞，知其能否之数也”。

④决安危之计：指决断有关安危的军国大事。《管子·参患》：“君之所以卑尊，国之所以安危者，莫要于兵。”

⑤定亲疏之事：指处理家族事务。《周礼·春官宗伯上·小宗伯》：“小宗伯之职……掌三族之别，以辨亲疏。”

⑥隐括：亦作"隐栝"，用以矫正邪曲的器具，此处指对有缺点的人才加以矫正。《韩非子·难势》："夫弃隐栝之法，去度量之数，使奚仲为车，不能成一轮。"日人太田方《韩非子翼毳》曰："揉曲者曰隐，正方者曰栝。"

〔译文〕

大凡揣度人的权谋、考量人的才干，目的都是征召远近的人才。建立权势处理军政大事，一定要观察他们的异同，辨别言语的正确与错误，发现言辞的虚无和真实，了解其道术的深浅，然后让他们决断有关安危的军国大事，处理有关亲疏的家族事务。这样以后就可以对他们做出综合的衡量，有缺点不足的加以矫正，于是就可以征召，于是就去聘求，于是就可以任用。

引钩箝之辞，飞而箝之[①]；钩箝之语，其说辞也，乍同乍异[②]。其不可善者，或先征之而后重累[③]，或先重以累而后毁之。或以重累为毁，或以毁为重累[④]。其用或称财货、琦玮、珠玉、璧帛、采色以事之[⑤]，或量能立势以钩之[⑥]，或伺候见峒而箝之，其事用抵巇。

〔注释〕

①"引钩箝之辞"二句：此言"飞箝"之术，先抛出能够使对方说出实情的言辞，故意赞扬对方，使其得意忘形而吐露真情从而钳制住他。陶弘景注："钩谓诱致其情，言人之材性，各有差品，故钩箝之辞，亦有等级。故内感而得其情曰钩，外誉而得其情曰飞。得情则箝持之，令不得脱移，故曰钩箝。"钩箝，诱使人说出实情而钳制之。

②乍同乍异:一会儿同意一会儿不同意,形容言辞或态度变化很快。乍,忽然。陶弘景注:“谓说钩箝之辞,或捭而同之,或阖而异之,故曰乍同乍异也。”

③重累:指反复叠加声誉,不断抬高其地位。《吕氏春秋·恃君览·行论》引逸《诗》曰:“将欲毁之,必重累之;将欲踣之,必高举之。”高诱注:“累之重,乃易毁也。踣,破也。举之高,乃易破也。”意思是要想毁坏它,必先把它重叠起来;要想摔破它,必先把它高举起来。这与《老子》“将欲废之,必固兴之;将欲夺之,必固与之”的思想是一致的。

④“或以重累为毁”二句:陶弘景注云“或有状其所有,其短自形,此以重累为毁也。或有历说其短,材术便著,此以毁为重累也。为其人难动,故或重累之,或訾毁之,所以驱诱之,令从化也”。

⑤称:举。琦玮:美玉。采色:指绚丽的颜色。《淮南子·齐俗训》:“听失于诽誉,而目淫于采色。”

⑥或量能立势以钩之:陶弘景注云“量其能之优劣,然后立去就之势,以钩其情,以知其智谋也”。

〔译文〕

抛出能够使对方说出实情的言辞,故意赞扬对方,使其得意忘形而吐露真情从而钳制住他;“钩箝”的言语作为游说之辞,一会儿赞同对方,一会儿不赞同对方。对那些不好使用飞箝之术的人才,或者先把他征召来然后反复叠加其声誉,或者先叠加其声誉抬高其地位然后伺机诋毁他。或在重复和连续的飞箝方法中,应用诋毁的钩箝说辞;或在诋毁的钩箝说辞中,应用重复和连续的飞箝方法。飞箝术的运用,或者用财货、琦玮、珠玉、璧帛、采色等来收买他,或者根据他的才能设立相应的可去可留的职位引诱他，或者暗中观察发现其缝隙趁机钳制他，在这种情况下都可以运用抵巇的方法。

将欲用之于天下①，必度权量能，见天时之盛衰②，制地形之广狭、岨崄之难易③，人民货财之多少④，诸侯之交孰亲孰疏⑤，孰爱孰憎。心意之虑怀⑥，审其意，知其所好恶，乃就说其所重⑦，以飞箝之辞，钩其所好，以箝求之⑧。

〔注释〕

①将欲用之于天下：若要将飞箝之术用于天下的诸侯国国君。陶弘景注："将用之于天下，谓用飞箝之术，辅于帝王。度权量能，欲知帝王材能可辅成否。天时盛衰，地形广狭，人民多少，又欲知天时、地利、人和，合其泰否。诸侯之交，亲疏爱憎，又欲知从否之众寡。"

②天时：宜于做某事的自然气候条件。《荀子·王霸》："农夫朴力而寡能，则上不失天时，下不失地利，中得人和，而百事不废。"

③广狭：宽广和狭窄。《孙子·计篇》："地者，远近、险易、广狭、死生也。"岨(jū)：戴土的石山。《说文》："岨，石戴土也。"崄：通"险"，险峻。

④货财：财物。

⑤诸侯之交：诸侯国之间的邦交关系。

⑥虑怀：思虑关怀。

⑦就：靠近，趋向。

⑧以箝求之：陶弘景注云"既审其虑怀，又知其好恶，然后就其所最重者而说之，又以飞箝之辞，钩其所好，既知其所好，乃箝而求之，所好不逮，

则何说而不行哉”。

〔译文〕

若要将飞箝之术用于天下的诸侯国，一定要揣度国君的权势和才能，观察天时之于国家的兴亡，掌握地形的广狭、山势的险峻难易，百姓财物的多少，诸侯国邦交关系哪个亲近哪个疏远，和哪个国家友好，和哪个国家有敌意。国君心中考虑和关心的事情是什么，审察他的真实意图，了解他的喜好和憎恶，然后选择他所看重的事情进行游说，使用飞箝的言辞，钩引出他真正的喜好，从而控制住他为我所用。

用之于人，则量智能，权材力①，料气势②，为之枢机以迎之随之③，以箝和之，以意宣之④，此飞箝之缀也⑤。用之于人，则空往而实来，缀而不失，以究其辞。可箝而从，可箝而横；可引而东，可引而西；可引而南，可引而北；可引而反，可引而覆⑥。虽覆能复，不失其度。

〔注释〕

①材力：勇力。《史记·殷本纪》：“帝纣资辨捷疾，闻见甚敏，材力过人，手格猛兽。”

②料：估量。气势：气概。

③枢机：枢与机，比喻事物的关键部分。《周易·系辞上》：“言行，君子之枢机，枢机之发，荣辱之主也。”孔颖达疏：“枢谓户枢，机谓弩牙。”

④宣:疏通,疏导。

⑤缀:联结。《战国策·秦策一》:“缀甲厉兵。”高诱注:“缀,连也。”

⑥“用之于人”至“可引而覆”:陶弘景注:“用之于人,谓以飞箝之术任使人也。但以声誉飞扬之,故曰空往。彼则开心露情,归附于己,故曰实来。既得其情,必缀而勿失,又令敷奏以言,以究其辞,如此则从横、东西、南北、反覆,惟在己之箝引,无思不服也。”反,背叛。覆,颠覆。

〔译文〕

将飞箝之术应用于个人,则仍然要衡量对方的智慧才能,权衡其勇力,估量其气概威势,把握住关键环节迎合他、顺从他,用飞箝之术控制住他使之和平相处,用我们的意图开导他,这就是用飞箝之术使对方与我们相联结。将这种方法施用于人,则经常会收到以空谈的方式去而得到对方实情返回的效果,既然已经和对方联结在一起,就不要失掉时机,以进一步探究其言辞。这样就可以钳制对方去合纵,也可以钳制对方去连横;可以牵引他去东方,也可以牵引他去西方;可以牵引他去南方,也可以牵引他去北方;可以牵引他背叛,也可以牵引他颠覆。即使颠覆也能使其重新恢复,关键在不丢掉飞箝术应遵守的法则。

忤合第六

〔**题解**〕

忤,意为违逆。合,意为趋合。因此,“忤合”讲的就是违逆与趋合之术。“世无常贵,事无常师”,战国时代的纵横策士经常要面临选择背逆还是趋合。陶弘景题注云“大道既隐,正道不得,坦然而行,故将合于此,必忤于彼,令其不疑,然后可行其意,即伊、吕之去就是也”,说的就是这个意思。

首先,作者论述了忤合之术的基本原理,即“凡趋合倍反,计有适合。化转环属,各有形势。反覆相求,因事为制”,是说事物的变化运转是相互联系的,就像圆环一样衔接在一起,而且在变化过程中形成各自的形态。因此要反复寻求事物变化的特点和形势,根据事情发展的具体情况制定合适的计划。圣人为什么能够立身御世呢,就是因为他们懂得这一规律,并“与之转化”。

文章接着又讲忤合之术遵循的原则:“成于事而合于计谋。”天下大势是不断变化的,国家亦有兴亡盛衰,但作为策士如何选择自己的栖身之地,其原则就是能够合于自己的计谋,能够使自己成就功业。既然有选择，必然就有忤合。其具体表现就是："合于彼而离于此，计谋不两忠。"

作者还说到了忤合之术的适用范围非常广，可以适用于天下，可以适用于诸侯国，也可以适用于大夫之家，还可以适用于个人。但无论适应于什么样的对象，都必须对对方进行充分估量。最后作者还谈到施行忤合之术，必须对自己的才能智慧有清醒的认识，对自己的长短有充分的了解。而且忤合之术只能适用于智慧不如自己的人。

《太平御览》卷四百六十二《人事部·游说下》引本篇称作《午合》篇，云："伊尹五就桀，五就汤，然后合于汤。吕尚三入殷朝，三就文王，然后合于文王。此天知之至，归之不疑。"注云："伊尹、吕尚各以至知说圣王，因泽钓行其术策。"与本篇文句小异。

凡趋合倍反，计有适合①。化转环属，各有形势②。反覆相求，因事为制③。是以圣人居天地之间，立身、御世、施教、扬声、明名也④，必因事物之会⑤，观天时之宜，因知所多所少，以此先知之，与之转化⑥。

〔注释〕

①趋合：投合，迎合。倍反：背反，背叛。倍，通"背"。《捭阖》："益损、去就、倍反。"陶弘景注："义乖曰去，志同曰就。去而遂绝曰倍，去而覆阚来曰反。"

②“化转环属”二句：事物的变化运转就像圆环一样连接在一起，在变化过程中形成各自的形态。化转，变化运转。《邓析子·无厚》：“因势而发誉，则行等而名殊。人齐而得时，则力敌而功倍。其所以然者，乘势之在外。”俞樾云：“此化转形势之义也。”

③“反覆相求”二句：此处讲忤合之术的基本原理：事物是发展变化的，制定计划要根据事物的变化特点和形式。陶弘景注：“言倍反之理，随化而转，如连环之属。然其去就，各有形势，或反或覆，理自相求，莫不因彼事情为之立制也。”

④立身：为人处世。御世：治理天下。施教：施行教化。明名：谓明示君臣名分。《管子·幼官》：“明名章实，则士死节。”

⑤会：时机。

⑥“因知所多所少”三句：陶弘景注：“所多所少，谓政教所宜多、所宜少也。既知多少所宜，然后为之增减，故曰以此先知，谓用倍反之理知之也。转化，谓转变以从化也。”

〔译文〕

凡事都有趋向和背离两个方面，制定计谋要适应合乎这一规律。事物的变化运转就像圆环一样连接在一起，在变化过程中形成各自的形态。因此要反复寻求事物变化的特点和形势，根据事情发展的具体情况制定合适的计划。所以，圣人在天地之间立身处世，治理天下，教化百姓，传播声名，明辨名分，一定要依据事物发展变化的时机，观察适宜的天时，决定政教的多少。根据忤合的规律，先行知道事物的发展变化，从而制定相应的政策。

世无常贵，事无常师[①]。圣人无常与，无不与[②]；无所听，无不听[③]。成于事而合于计谋，与之为主。合于彼而离于此，计谋不两忠，必有反忤。反于此，忤于彼；忤于此，反于彼。其术也[④]。

〔注释〕

①事无常师：谓处事没有固定不变的准则，要择善而从。陶弘景注："主善为师，故无常师。"

②"圣人无常与"二句：圣人看似不能经常助人为善，但又好像处处为善。《老子》第七十九章："天道无亲，常与善人。"马叙伦《老子校诂》："与，读与助之与。"《孟子·公孙丑上》："取诸人以为善，是与人为善者也。"朱熹《集注》："与，犹助也。"《战国策·秦策一》："不如与魏以劲之。"高诱注："与，犹助也。"

③"无所听"二句：看似什么都没有听从，但又什么都听从。听，听从，接受。《史记·李斯列传》："秦王乃拜斯为长史，听其计。"以上两句本《老子》第三十七章"道常无为而无不为"。

④其术也：这就是"忤合"之术。陶弘景注："反忤者，意欲反合于此，必行忤于彼。忤者，设疑似之事，令昧者不知觉其事也。"

〔译文〕

世上没有长久的尊贵，处事也没有固定不变的师法准则。圣人看似不能经常助人为善，但又好像处处为善；看似什么都没有听从，但又什么都听从。做事要成功，计谋要合适，这是行事的根本。与一方相合就必然与另一方相离，计谋不可能同时忠于两方，一定会有背反忤逆。合于这一方就会背逆那一方，背逆这一方面就会合于那一方。这就是“忤合”之术。

用之于天下，必量天下而与之；用之于国，必量国而与之；用之于家，必量家而与之；用之于身，必量身材能气势而与之①。大小进退，其用一也。必先谋虑计定，而后行之以飞箝之术②。

〔注释〕

①“用之于天下”八句：此言“忤合”之术可以施用各种对象，但都要对不同的对象进行实际考察。陶弘景注：“用之者，谓用反忤之术。量者，谓量其事业有无。与，谓与之亲。凡行忤者，必称其事业所有而亲媚之，则暗主无从而觉，故得行其术也。所行之术，虽有大小进退之异，然而至于称事扬亲则一，故曰其用一也。”

②“必先谋虑计定”二句：运用“忤合”之术，一定要先思谋考虑制定好计划，之后还要使用飞箝之术作为辅助。陶弘景注：“将行反忤之术，必须先定计谋，然后行之，又用飞箝之术以弥缝之也。”

〔译文〕

将“忤合”之术运用于天下，一定要衡量天下的具体情况而施行；运用于一个国家，一定要衡量这个国家的具体情况而施行；运用于卿大夫之家，一定要衡量这个卿大夫之家的具体情况而施行；运用到个人身上，一定要衡量这个人的才能气势而施行。无论施用对象的大小，还是计谋的进攻与退却，其施用的原则是一致的。就是一定要先思谋考虑制定好计划，然后使用飞箝之术作为辅助。

古之善背向者，乃协四海，包诸侯，忤合之地而化转之，然后求合①。故伊尹五就汤②，五就桀③，而不能有所明，然后合于汤；吕尚三就文王④，三入殷，而不能有所明，然后合于文王。此知天命之箝，故归之不疑也⑤。

〔注释〕

①“古之善背向者”五句：陶弘景注云“言古之深识背向之理者，乃合同四海，兼并诸侯，驱置忤合之地，然后设法变化而转移之，众心既从，乃求其真王，而与之合也。”善，善于，擅长。背向，背反与趋向，此指忤合之术。协，和。《尚书·尧典》：“协和万邦。”《孔传》：“协，合。”

②伊尹：据《史记·殷本纪》，伊尹名阿衡，出身卑微，为有莘氏女陪嫁之媵臣，后受汤赏识，举以国政，佐商灭夏。传说伊尹为商汤间谍，多次往来于夏、商之间。汤：亦作天乙、大乙、成汤，商朝开国之君。任用伊尹执政，灭夏建商。就：靠近，归附。

③桀：夏代最后一位国君，名履癸。为政残暴，荒淫无度，商汤乃伐桀，战于鸣条，桀奔南巢而死，夏代灭亡。

④吕尚：姜姓，吕氏，名尚。辅佐周文王、武王灭商，有大功，封于齐国。文王：姬姓，名昌。商纣时为西伯，曾被囚于羑里。周臣太颠、闳夭、散宜生等献美女、名马于纣，因得释。后攻灭黎、邘、崇等国。自周原迁都于丰。招贤纳士，励精图治，为武王灭商打下基础。

⑤“此知天命之箝”二句：陶弘景注云“以天命系于殷汤、文王，故二臣

归二主不疑也。”天命之箝，天命所归，天命所定。箝，夹住，钳制。

〔译文〕

古代善于运用忤合之术的人，能够合同四海之内，包举天下诸侯，驱置诸侯于忤合之地而加以变化转移，然后寻找机会与明主相合。因此伊尹五次归附于商汤，五次归附于夏桀，是因为天命还不明了，这之后才最终合于商汤；吕尚曾三次依附周文王，三次归于商纣王，是因为天命还不明了，这之后最终合于周文王。这是因为他们最终认识到天命所归的明主，所以就毫不犹豫地归附于他们。

非至圣达奥，不能御世①；非劳心苦思，不能原事②；不悉心见情，不能成名③；材质不惠，不能用兵④；忠实无真⑤，不能知人。故忤合之道，已必自度材能知睿⑥，量长短远近⑦，孰不如，乃可以进，乃可以退⑧，乃可以纵，乃可以横。

〔注释〕

①至圣：指道德智能最高的人。《礼记·中庸》：“唯天下至圣，为能聪明睿知，足以有临也。”达奥：通晓深奥之理。不能：不能够做到。本段前半部分为唐代李筌《太白阴经·人谋上·数有探心》篇所引：“非达奥知微，不能御敌；不劳心苦思，不能原事；不悉见情伪，不能成名；材智不明，不能用兵；忠实不真，不能知人。是以，鬼谷先生述《捭阖》《揣》《摩》《飞

箝》《抵巇》之篇，以教苏秦、张仪游说于六国而探诸侯之心，于是术行焉！”但文本稍有差异。

②劳心：动脑筋，费心思。《孟子·滕文公上》：“或劳心，或劳力；劳心者治人，劳力者治于人。”原事：推究事物的由来。

③悉心：尽心，全心。《韩非子·外储说左下》：“主贤明则悉心以事之，不肖则饰奸而试之。”成名：得名于世。《周易·系辞下》：“善不积，不足以成名。”

④材质：资质。惠：通“慧”，聪慧。用兵：指挥战争。《国语·越语下》：“古之善用兵者，因天地之常，与之俱行。”

⑤无真：不是出于本性。真，本性，天性。《庄子·渔父》：“苦心劳形以危其真。”

⑥知睿：才智聪明。知：通“智”。

⑦远近：特指所居官位接近或远离帝王。《管子·任法》：“治世则不然，不知亲疏、远近、贵贱、美恶，以度量断之。”

⑧“乃可以进”二句：此处是指职官的升降或任免。《韩非子·奸劫弑臣》：“夫奸臣得乘信幸之势以毁誉进退群臣者，人主非有术数以御之也。”

〔译文〕

不是道德高尚、通晓深奥之理的圣人，就不能够很好地治理天下；不能费心苦苦思虑，就不能够推究事物的原由；不能尽心洞察事物的本质，就不能够树立名声；资质不聪慧，就不能够指挥战争；不是出于真心的忠实，就不能了解别人。因此，实施忤合之术，自己一定要估计自己的才能智慧，衡量自己的长处和短处以及与国君的远近，知道谁不如自己，就可以升降或任免他，就可以纵横捭阖。

揣篇第七

〔题解〕

纵横家要游说国君，首先要了解这个国家的国情，也就是“量权”；接着就要揣测这个国家国君的真实想法，也就是“揣情”。做好量权和揣情，才能确定自己的游说方向，制定合适的谋略。

所谓“量权”，实际上就是掌握一个国家的综合国力，具体来说包括国土面积、人口多少，国家的物产、财力如何，地形地貌，君臣亲疏关系，宾客智慧多少，天时祸福吉凶，国家对外关系，民心向背等等。详细了解了这些内容，就算是对这个国家的外在客观情况有了全面的认识，这就是“量权”。

所谓“揣情”，就是揣测国君的内心想法，所谓人心难测，这要比量权难得多。因为量权是客观的外在情况，而人心却是摸不着、看不到的。针对这种情况，作者提出了揣情的一些具体方法和技巧：比如在国君情感发生极端变化时，要注意引导他说出自己喜好和厌恶的事情，这样就能了解他的嗜好和欲望；如果国君是一个非常冷静、不把喜怒表现出来的人，那就从他身边亲近的人打听窥探他的想法；善于从外在表现推测其内心想法，“以其见者而知其隐者”。

在论述了何为“量权”和“揣情”的基础上，作者又强调了二者的重要性：计谋国家大事要“审量权”，游说人主要“审揣情”。从这两点出发，就能轻易地驾驭国君的成败得失，控制一国的强弱、轻重，并由此进一步论述揣情的重要和困难：“故虽有先王之道、圣智之谋，非揣情，隐匿无可索之”，可见揣情比量权更重要。但揣情却有难处，“常有事于人，人莫能先，先事而生，此最难为”，揣情之难在于把握时机。因此作者还提出要能见微知著，善于观察和捕捉事物的细微之处，从而掌握事情的发展变化。

“揣篇”，《太平御览》卷四百六十二《人事部 · 游说下》引作“揣情篇”，云：“说王公君长则审情，以说王公，避所短，从所长。”今本无此文。

古之善用天下者，必量天下之权而揣诸侯之情。量权不审[①]，不知强弱轻重之称[②]。揣情不审，不知隐匿变化之动静。

〔注释〕

①量权：这里指权衡比较各国的国家实力。审：周密，详尽。

②称（chēng）：衡量物体轻重。《管子 · 明法》：“有权衡之称者，不可欺以轻重。”

〔译文〕

古代善于把游说之术运用于天下的人，一定要权衡掌握天下各国的国情和政治形势变化，揣测各诸侯国君的真实意图。权衡比较如果不够周详，就不知道哪个国家实力强，哪个国家实力弱，不知道哪个国家的地位轻，哪个国家的地位重。如果对诸侯国国君的真实想法揣测不准确，就不知道对方隐藏的变化动静。

何谓量权？曰：度于大小，谋于众寡①。称货财有无之数，料人民多少②，饶乏、有余、不足几何③；辨地形之险易④，孰利孰害；谋虑孰长孰短；揆君臣之亲疏⑤，孰贤孰不肖⑥；与宾客之知慧，孰少孰多；观天时之祸福，孰吉孰凶；诸侯之交，孰用孰不用；百姓之心，去就变化，孰安孰危，孰好孰憎。反侧孰辩⑦，能知此者，是谓量权。

〔注释〕

①“度（duó）于大小”二句：计算大小，考虑多少。这是对“量权”总的概括，下面具体论说考虑和计算哪些事情的大小、多少。

②料：估计数量。《国语·楚语上》：“楚师可料也。”韦昭注：“料，数也。”

③几何：多少。

④险易:险阻与平坦。《吴子·治兵》:“明知险易,则地轻马。”

⑤揆:揣度。《诗经·鄘风·定之方中》:“揆之以日,作于楚室。”《毛传》:“揆,度也。”

⑥不肖:小人,不正派的人。《礼记·射义》:“发而不失正鹄者,其唯贤者乎?若夫不肖之人,则彼将安能以中。”孔颖达疏:“不肖,谓小人也。”

⑦反侧:翻来覆去。

〔译文〕

什么是量权呢?就是计算大小,考虑多少。估量这个国家的物产和财富,计算人口多少,哪些资源缺乏哪些资源丰富;辨察地形的险要与平坦,哪里有利,哪里有害;谋士的计谋策略谁长谁短;揣度君臣关系是亲近还是疏远,谁是贤臣谁是小人;了解宾客中的智谋,谁多谁少;观察天象时节的变化,哪些是吉利哪些是凶祸;考察诸侯国之间的邦交关系,哪些可以利用哪些不可以利用;了解百姓的内心向往,是背叛还是亲近,有什么变化,谁是安全的,谁是危险的,百姓喜欢谁憎恨谁。对以上内容要反复熟练辨别,能知道这些,就叫作量权。

揣情者,必以其甚喜之时,往而极其欲也①,其有欲也,不能隐其情;必以其甚惧之时,往而极其恶也,其有恶也,不能隐其情,情欲必出其变②。感动而不知其变者,乃且错其人,勿与语而更问其所亲,知其所安③。夫情变于内者,形见于外④。故常必以其见者,而知其隐者。此所以谓测深揣情。

〔注释〕

①极：尽，使其欲望全部表露出来。

②情欲必出其变：人的真实的想法一定会在情欲极端变化时显露出来。陶弘景注："夫人之性，甚喜则所欲著，甚惧则所恶彰，故因其彰著，而往极之，恶欲既极，则其情不隐，是以情欲因喜惧之变而失也。"

③"感动而不知其变者"四句：当触动他的感情而仍然不知道他内心的变化时，就暂且将他放置一边，不跟他交谈而改问他身边亲近的人，了解其真实的意图所在。陶弘景注："虽因喜惧之时，以欲恶感动而尚不知其变。如此者，乃且置其人，无与之语，徐徐更问斯人之所亲，则其情欲所安可知也。"错，通"措"，放置。

④"夫情变于内者"二句：一般来说一个人内心情感发生变化时，必然会通过外在形态表现出来。陶弘景注："夫情貌不差，内变者，必外见。"

〔译文〕

揣测诸侯王的内心实情，一定要在他非常高兴的时候，尽力引导他说出自己的欲望，当他吐露欲望的时候，我们就能探测到他内心的真实想法；一定要在他非常恐惧害怕的时候，尽力引导他说出自己最厌恶什么，当他吐露自己厌恶的东西时，我们就能窥探到他内心的实情，人的真实的想法一定会在情欲极端变化时显露出来。当触动了他的感情但仍然不知道他内心的变化时，就暂且将他放置一边，不跟他交谈而改问他身边亲近的人，了解其真实的意图所在。一般来说，一个人内心情感发生变化时必然会通过外在形态表现出来，因此一定要经常通过你所看到的外在表现，来了解他内心隐藏的真实想法。这就是所说的探测人内心深处的实情。

故计国事者，则当审权量①；说人主，则当审揣情。谋虑情欲必出于此②。乃可贵，乃可贱；乃可重，乃可轻；乃可利，乃可害；乃可成，乃可败，其数一也③。故虽有先王之道、圣智之谋④，非揣情，隐匿无可索之⑤。此谋之大本也，而说之法也。

〔注释〕

①权量：权衡。

②谋虑情欲必出于此：谋略思虑及行动（情欲的表现）皆由此产生。陶弘景注："审权量，则国事可计；审揣情，则人主可说。至于谋虑情欲，皆揣而后行，故曰：谋虑情欲必出于此也。"

③其数一也：就是说掌握了揣术，别人的成败得失都由我决定。陶弘景注："言审于揣术，则贵贱成败，唯己所制，无非揣术所为，故曰其数一也。"

④虽：即使。《孟子·告子下》："虽与之天下，不能一朝居也。"

⑤索：探索，求索。

〔译文〕

所以谋划国家大事的人，就应当详尽地权衡各种形势；游说国君的人，就应当仔细地揣测人主的内心真意。谋略思虑及行动(情欲的表现)皆由此产生。掌握了这种技术,就可以使人富贵,也可以使人贫贱;可以使人得到重用,也可以使人不受重用;可以使人得到利益,也可以使人受到损害;可以使人成功,也可以使人失败,其中的道理是一样的。因此即使有先王的治世之道,有圣人智士的谋略,却不能运用揣情之术,就无法求索那些隐匿的实情。所以说揣情之术是谋略的根本,是游说的法则。

常有事于人,人莫能先①,先事而生②,此最难为。故曰揣情最难守司,言必时其谋虑③。故观蜎飞蠕动④,无不有利害,可以生事。美生事者,几之势也⑤。此揣情饰言成文章,而后论之也⑥。

〔注释〕

①人莫能先:人们不能预先知道事情的发生。

②先事而生:在事情未发生之前而能预料到。《说苑·谈丛》:“谋先事则昌,事先谋则亡。”

③“故曰揣情最难守司”二句:所以揣测实情很难把握时机,游说进言要事先谋虑好。陶弘景注:“人情,险于山川,难于知天。今欲揣度而守司之,不亦难乎!故曰揣情最难守司,谋虑出于人情,必当知其时节,此其所以为最难也。”

④蜎(yuān)飞蠕动:小虫子飞翔和爬行。

⑤“美生事者”二句:善于把握事情的萌芽状态,在于观察细微之势。方向东《鬼谷子注评》言:“美生事者,即美于成事者,指善于成事的人,总是能把握事物变化的微小征兆以及发展趋势。”

⑥“此揣情饰言成文章”二句：陶弘景注云“言既揣知其情，然后修饰言语以导之，故说辞必使成文章，而后可论也”。

〔译文〕

常常是事情即将要发生了，人们却不能事先预料到，在事情未发生之前而能预料到，这是最难做到的事情。因此揣测实情很难把握时机，游说进言要事先谋虑好。所以我们看到小虫子飞翔或爬行，无不是因为它们受到利害的驱使，从而可以生出事端。善于把握事情的萌芽状态，在于观察细微之势。这也是揣测实情要修饰语言而使之有文采，然后再去论说它的道理。

摩篇第八

〔题解〕

“摩篇”,《太平御览》卷四百六十二引作“摩意篇”。摩意,是承上篇“揣情”之后继续论述揣摩之术。陶弘景题注云:“摩者,顺而抚之也。摩得其情,则顺而抚之,以成其事。”和揣情稍有不同的是,摩意要“顺而抚之”,即摩得对方之内心想法、心理活动、情感欲望等,要顺从并安抚,而且要做到隐蔽。揣情和摩意又往往连在一起,如《战国策·秦策一》载苏秦“得太公《阴符》之谋,伏而诵之,简练以为《揣》《摩》。”

本篇首先讲到摩术的原则是“其道必隐”,就是说在观察对方揣摩其意图的时候要做到隐蔽,不能让对方察觉你在揣摩他。只有做到“人不知”,才能“成其事而无患”。接着又用圣人成功的事例进一步说明“谋之于阴”,要通过不为人注意的积德积善来成就功名。其次,作者论述了摩术的具体方法:“有以平,有以正,有以喜,有以怒,有以名,有以行,有以廉,有以信,有以利,有以卑”。这些方法在运用时,要因人、因事、因环境的变化而变化,否则就不能成功,只能为圣人所用。最后作者还强调使用摩术要注意物类相应的规律，同时还指出要将“道、数、时”三方面密切配合起来。

摩者，揣之术也[①]。内符者[②]，揣之主也。用之有道，其道必隐。微摩之[③]，以其所欲，测而探之，内符必应。其所应也，必有为之。故微而去之[④]，是谓塞窌匿端[⑤]，隐貌逃情而人不知，故能成其事而无患。摩之在此，符应在彼，从而用之，事无不可[⑥]。

〔注释〕

①“摩者”二句：陶弘景注云“谓揣知其情，然后以其所欲摩之，故摩为揣之术”。摩，琢磨，研究。《礼记·学记》：“相观而善之谓摩。”郑玄注：“摩，相切磋也。”《太平御览》卷四百六十二引《摩意》篇云：“摩者，揣之也。”

②内符：陶弘景注云“内符者，谓情欲动于内，而符验见于外”。

③微：暗暗地。《史记·魏公子列传》：“与其客语，微察公子。”

④去：离开。

⑤窌（jiào）：地窖。《吕氏春秋·季春纪》：“天子布德行惠，命有司发仓窌，赐贫穷。”高诱注：“方者曰仓，穿地曰窌。”匿端：掩盖真相或实情。《韩非子·二柄》：“故君见恶则群臣匿端，君见好则群臣诬能。”

⑥“摩之在此”四句：是说运用好了摩术，没有不可以办成的事。陶弘景注：“此摩甚微，彼应自著。观者但睹其著，而不见其微。如此用之，功专在彼，故事无不可也。”

〔译文〕

摩是揣的一种方法。内心情感的外在表现，是揣术的主要依据。运用摩术要有法则，这个法则就是隐秘。暗暗地揣摩对方，根据他的欲望揣测观察其内心想法，内心的情感必然显露出来。对方有了反应，一定会付诸行动。窥探到信息以后要暗中离去，这就叫堵住地窖掩盖真相，隐藏自己的外在表现掩饰真实的想法而不被别人察觉，所以能够使事情成功而没有祸患。从这里琢磨研究，对方的外在表现就会在那边显露，从而采取措施，事情就没有不可以成功的。

古之善摩者，如操钩而临深渊，饵而投之，必得鱼焉。故曰主事日成而人不知①，主兵日胜而人不畏也②。圣人谋之于阴，故曰神；成之于阳，故曰明③。所谓主事日成者，积德也④，而民安之，不知其所以利；积善也⑤，而民道之，不知其所以然，而天下比之神明也⑥。主兵日胜者，常战于不争不费，而民不知所以服，不知所以畏，而天下比之神明。

〔注释〕

①主事日成而人不知：每天主持事务都能成功而别人不能察觉到。陶弘景注："贤者显功而隐摩，故人不知摩而自服，故曰主事日成而人不知也。"

②主兵日胜而人不畏也：主持军事每天都能胜利而人们不会害怕他。陶弘景注："兵胜由于善摩，摩隐则无从而畏，故曰主兵日胜而人不畏也。"

③"圣人谋之于阴"四句：陶弘景注云"潜谋阴密，日用不知，若神道之不测，故曰神也。功成事遂，焕然彰著，故曰明也"。

④积德：积累仁政和德行。《尚书·盘庚上》："汝克黜乃心，施实德于民，至于婚友，丕乃敢大言，汝有积德！"

⑤积善：积累善行。《周易·坤·文言》："积善之家，必有余庆；积不善之家，必有余殃。"

⑥神明：像神一样明智。《淮南子·兵略》："见人所不见谓之明，知人所不知谓之神。神明者，先胜者也。"

〔译文〕

古代善于运用摩术的人，就像拿着鱼钩在深渊旁边钓鱼一样，挂好鱼饵投进去就一定能钓到鱼。因此说这种人每天主持事务都能成功而别人不能察觉到，主持军事每天都能胜利而人们不会害怕他。圣人往往在暗中谋划事情，所以叫神；而成功却显现在光天化日之下，所以叫明。所谓每天主持事务都能成功，在于积累德行，而百姓安然顺从，不知道为什么会得到利益；在于积累善行，而教导百姓，百姓接受教导却不知道什么原因，因而天下人把他们看作像神明一样的人。主持军事每天都能胜利，在于不用战争、不用耗费物资就能取得战争胜利，而百姓却不知道敌人为什么服从，不知道敌人为什么害怕，于是天下的人将他们看作像神明一样的人。

其摩者，有以平，有以正，有以喜，有以怒，有以名[①]，有以行，有以廉[②]，有以信，有以利，有以卑。平者，静也；正者，宜也；喜者，悦也；怒者，动也；名者，发也[③]；行者，成也[④]；廉者，洁也；信者，期也[⑤]；利者，求也；卑者，谄也[⑥]。故圣人所以独用者，众人皆有之。然无成功者，其用之非也。

〔注释〕

①名：名誉，名声。《庄子·养生主》："为善无近名，为恶无近刑。"

②廉：清廉。《老子》第五十八章："廉而不刿。"王弼注："廉，清廉也。"

③"名者"二句：陶弘景注云"名贵发扬，故曰发也"。

④"行者"二句：陶弘景注云"行贵成功，故曰成也"。

⑤期：期望，要求。

⑥谄（tāo）：隐瞒，隐藏。

〔译文〕

实施摩术的方法有多种：有的用平和的方式，有的用正直的方式，有的用喜悦的方式，有的用发怒的方式，有的用名声，有的用实际行动，有的用清廉，有的用诚信，有的用利益，有的用谦卑。用平和的方式就是使对方冷静；用喜悦的方式就是使对方高兴；用发怒的方式就是激怒对方使其动起来；用名声就是使对方声名鹊起；用实际行动就是促使对方成功；用清廉的方式就是使对方廉洁清明；用诚信的方式就是使对方有所期待；用利益就是使对方为了利益而有所求；用谦卑的方式就是为了隐瞒对方。圣人使用的这些方法，普通人也可以用，但是很少有人成功，是因为用得不对。

故谋莫难于周密①，说莫难于悉听，事莫难于必成②。此三者，唯圣人然后能任之。故谋必欲周密，必择其所与通者说也③，故曰或结而无隙也④。夫事成必合于数⑤，故曰道数与时相偶者也⑥。

〔注释〕

①故谋莫难于周密：陶弘景注云“谋不周密，则失机而害成”。

②“说莫难于悉听”二句：陶弘景注云“说不悉听，则违理而生疑；事不必成，则止篑而中废”。《太平御览》卷四百六十二引《摩意》篇云：“说莫难于悉行，事莫难于必成。”“悉听”作“悉行”。

③必择其所与通者说也：筹划计谋时一定要和自己心意相通的人言说讨论。陶弘景注：“为通者说谋，彼必虚受，如受石投水，开流而纳泉。”

④或：有时。无隙：亲密无间，没有间隙。

⑤数：技术。《孟子·告子上》：“今夫弈之为数，小数也。”赵岐注：“数，技也。”

⑥偶：偶合。《尔雅·释诂上》：“偶，合也。”

〔译文〕

因此计谋最难得的在于周到严密，游说最难得在于使对方全部听从，做事最难得的是一定成功。这三个方面，只有圣人才能够做到。所以计谋一定要做到周密，一定要选择能够与你志同道合的人言说讨论，因此说有时结交要没有间隙、亲密无间。事情成功一定要与游说技术相配合，所以说规律、技巧与天时三者要结合在一起。

说者听必合于情，故曰情合者听。故物归类①，抱薪趋火，燥者先燃；平地注水，湿者先濡②。此物类相应，于势譬犹是也。此言内符之应外摩也如是。故曰摩之以其类，焉有不相应者？乃摩之以其欲，焉有不听者？故曰独行之道③。夫几者不晚，成而不拘④，久而化成⑤。

〔注释〕

①物归类：任何事物都归属于自己的类别。

②“抱薪趋火”四句：《周易·乾·文言》引孔子曰：“同声相应，同气相求；水流湿，火就燥；云从龙，风从虎；圣人作而万物睹。本乎天者亲上，本乎地者亲下，则各从其类也。”与《鬼谷子》可相发明。濡，浸湿，润泽。

③独行之道：意谓只有圣人可以使用的方法。陶弘景注：“善于摩者，其唯圣人乎！故曰独行之道也。”

④成而不拘：事情成功而不据为己有。《老子》第二章：“生而不有，为而不恃，功成而弗居。”

⑤化成：教化成功。

〔译文〕

游说者要使对方听从，一定要与其真情相合，所以说真情相合才会听从。因此任何事物都归属于自己的类别,抱着柴草走向烈火,干燥的柴草必然首先着火燃烧;往平地倒水,湿的地方必然先被浸润。这些都是与事物的性质相适应的,事物与情势相适应也是这样。这里说的内符和外摩相应也是这个道理。所以说,根据事物不同的类别运用摩术,哪里会有不相应的情况?根据对方的欲望进行揣摩,哪里会有不听从你的人?因此这是只有圣人可以使用的方法。能掌握事物的细微变化,就不会错失机会,事情成功不据为己有,长此以往便能化育天下。

权篇第九

〔题解〕

权即权衡、权变的意思，本篇主要论述游说时如何根据游说对象的特点权衡选择不同的言辞。可分为六段。第一段，作者首先阐明了游说的目的，即说服对方；又讲述了游说的一些基本原则，如饰言、利辞、轻论、成义等。第二段接着论述游说的五种技巧：佞言、谀言、平言、戚言和静言。佞言是隐瞒实情以获取忠名，谀言是以广博的言辞求取智名，平言是以直来直去的言辞求取果敢的美名，戚言是伪装成忧伤的样子以求诚信之名，静言以沉着冷静的言辞抓住对手的错误而获得胜利。第三段讲口、耳、目在言说中的作用，强调三者要相互协调、相互配合。第四段讲游说要扬长避短。第五段论述针对不同对象要采取不同的游说技巧和态度，作者列举了九类人：与智者言要广博，与博者言要思辨，与辨者言要提纲挈领，与贵者言要有气势，与富者言要高傲，与贫者言要提供利益，与卑贱者言要谦和，与勇者言要果敢，与愚者言要锐利。值得注意的是《邓析子·转辞》篇也有相似的内容："夫言之术：与智者言，依于博；与博者言，依于辩；与辩者言，依于安；与贵者言，依于势；与富者言，依于豪；与贫者言，依于利；与勇者言，依于敢；与愚者言，依于说，此言之术也。”最后一段强调“言多类，事多变”，事情千变万化，游说时要根据具体情况，选择不同种类的言辞应对。

说者，说之也；说之者，资之也①。饰言者②，假之也；假之者③，益损也。应对者④，利辞也；利辞者⑤，轻论也⑥。成义者⑦，明之也；明之者，符验也⑧。言或反覆⑨，欲相却也⑩。难言者⑪，却论也；却论者，钓几也⑫。

〔**注释**〕

①资：依靠，帮助。《周易·乾·彖》：“大哉乾元，万物资始。”孔颖达疏：“万象之物，皆资取乾元，而各得始生。”

②饰言：文饰言辞，花言巧语。《韩非子·南面》：“群臣莫敢饰言以惛主。”

③假：借助。

④应对：言语间的酬答。《论语·子张》：“子夏之门人小子，当洒扫、应对、进退则可矣。”

⑤利辞：便利、简洁的言辞。

⑥轻论：快速地论说。

⑦成义：成义理的言辞。

⑧符验：凭据。《荀子·性恶》：“凡论者，贵其有辨合，有符验。”俞棪《鬼谷子新注》曰：“王充《论衡》曰：‘凡论事者，违实不引效验，虽甘义繁词，众不见信。’此言符验之必要也。”

⑨反覆：翻来覆去，重复再三。《孟子·万章下》：“君有大过则谏，反覆之而不听，则易位。”

⑩却：退。

⑪难言：诘难的言辞。

⑫钓几：寻找时机。几，通“机”。

〔译文〕

游说，就是要说服别人；说服别人，就要给别人提供依靠和凭借。文饰言辞，需要借助古今的事例；借助古今的事例，需要对它们增益或减少以合乎自己的论说。言语间的酬答，要用简洁便利的言辞；简洁便利的言辞，就是为了明快地论说。阐释义理的言辞，就是要使对方明白某个道理；使对方明白道理，还要举事例来验证。游说对方有时需要翻来覆去地申说，就是要使对方屈服。诘难的言辞，是为了驳倒对方；驳倒对方，需要寻找恰当的时机。

佞言者①，谄而干忠②；谀言者，博而干智③；平言者④，决而干勇⑤；戚言者，权而干信⑥；静言者⑦，反而干胜。先意承欲者，谄也；繁称文辞者，博也；纵舍不疑者，决也；策选进谋者，权也；先分不足以窒非者⑧，反也。

〔注释〕

①佞言：奸佞之言。

②谄（tāo）：隐瞒。陶弘景注：“谄者，先意承欲，以求忠名，故曰谄而

干忠。”

③“谀(yú)言者”二句:陶弘景注云“博者,繁称文辞,以求智名,故曰博而干智”。谀言,谄媚之言。

④平言:直言。

⑤决而干勇:陶弘景注云“决者,纵舍不疑,以求勇名,故曰决而干勇”。

⑥“戚言者”二句:陶弘景注云“戚者,忧也。谓象忧戚而陈言也。权者,策选进谋,以求信名,故曰权而干信”。

⑦静言:陶弘景注云“静言者,谓象清净而陈言”。

⑧先分不足以窒非者:陶弘景注云“己实不足,不自知而内讼,而反攻人之过,窒他谓非,如此者反也”。

〔译文〕

奸佞欺诈的言辞,隐瞒实情而求取忠诚之名;谄媚逢迎的言辞,是用博闻来求取智慧的美名;直来直去的言辞,是用果决来求取勇敢之名;忧伤的言辞,是假装忧伤而求得信任;平静的言辞,是指责对方来求取胜利。先想到对方的欲望而顺承他,就叫作谄;广征博引夸饰文辞的,就叫作博;舍掉疑虑直言不讳地说,就叫作决;根据形势变化选取不同的谋略,这叫权;自己理由不足而反攻对方之过,这叫反。

故口者,机关也,所以关闭情意也①;耳目者,心之佐助也,所以窥瞷奸邪②。故曰参调而应,利道而动③。故繁言而不乱,翱翔而不迷,变易而不危者④,睹要得理⑤。故无目者,不可以示以五色;无耳者,不可告以五音。故不可以往者，无所开之也；不可以来者，无所受之也。物有不通者，圣人故不事也⑥。古人有言曰："口可以食，不可以言。"言者，有讳忌也⑦；"众口铄金⑧"，言有曲故也⑨。

〔注释〕

①"故口者"三句：陶弘景注云"口者，所以发言语，故曰机关也。情意宜否，在于机关，故曰所以关闭情意也"。

②"耳目者"三句：陶弘景注云"耳目者，所以助心通理，故曰心之佐助也。心得耳目，即能窥见间隙，见彼奸邪，故曰：窥眮奸邪也"。眮(jiàn)，窥视。《广雅・释诂》："眮，视也。"奸邪，奸诈邪恶的人或事。

③"故曰参调而应"二句：陶弘景注云"耳目心三者，调和而相应，则动必成功，吉无不利，其所以无不利者，则以顺道而动，故曰：参调而应，利道而动者也"。参，同"叁"，指口、耳、目。陶弘景认为"三"指耳、目、心，非。道，同"导"，引导。

④"故繁言而不乱"三句：陶弘景注云"苟能睹要得理，便可曲成不失。故虽繁言纷葩而不乱，翱翔越道而不迷，变易改当而不危也"。

⑤睹要得理：看清了事物的要害，掌握其规律。俞棪《鬼谷子新注》曰："《韩非・八经》：'言会众端，必揆之以地，谋之以天，验之以物，参之以人。四征者符，乃可以观矣。'又《孔丛子》曰：'孔子曰：君子以理为尚，博而不要，非所察也；繁辞富说，非所听也。唯知者不失理。'又《淮南子・人间训》曰：'说者之论，诚得其数，则无所用多矣。夫车之所以能转千里者，以其要在三寸之辖。夫劝人而弗能使也，禁人而弗能止也，其所由者非理也。'由此诸家之说，足以说明'观要得理'之义矣。"

⑥"物有不通者"二句：对事物如果没有充分的了解，圣人就不去从事

它。《淮南子·人间训》“交画不畅,连环不解,物之不通者,圣人不争也”与此句意思相近。通,通晓,精通。

⑦讳忌:避讳某些言语或举动。

⑧众口铄金:众人的言论能够熔化金石,比喻舆论影响的强大。《国语·周语下》:“众志成城,众口铄金。”韦昭注:“铄,销也,众口所毁,虽金石犹可销也。”

⑨曲故:巧诈,歪曲事实。《淮南子·修务训》:“若吾所谓无为者……循理而举事,因资而立,权自然之势,而曲故不得容者。”高诱注:“曲故,巧诈也。”

〔译文〕

口是语言的机关,可以用来关闭人的情意;耳朵和眼睛是心灵的助手,可以用来窥见奸诈邪恶之人事。因此说应该把耳、目、口三者调动起来互相应和,向有利于自己的方向引导。因此言辞繁复而不混乱,议论驰骋而不迷惑,变易手段而不使游说陷入危境,这都得益于看清了事物的要害掌握了规律。因此没有视力的人,是不可以给他显示各种颜色看的;没有听力的人,是不可以告诉他音乐是由五音构成的。因此不去游说,就不能了解对方的事情;如果不让人前来游说,就不会得到对方的想法。对事物如果没有充分的了解,圣人是不会随意做这件事的。古人有这样的话:“嘴可以吃东西,不可以随便用来说话。”这是因为言辞有可能触犯需要避讳的事物。“众人的言论能够熔化金石”,这是因为言辞能歪曲事实的缘故。

人之情，出言则欲听，举事则欲成[①]。是故智者不用其所短，而用愚人之所长；不用其所拙，而用愚人之所工[②]，故不困也。言其有利者，从其所长也；言其有害者，避其所短也。故介虫之捍也[③]，必以坚厚；螫虫之动也[④]，必以毒螫。故禽兽知用其长，而谈者亦知其用而用也。

〔注释〕

①举事：行事，办事。《邓析子·转辞》"夫人情，发言欲胜，举事欲成。故明者不以其短疾人之长，不以其拙病人之工"，与此节"人之情"几句语意相近。

②工：精巧，巧妙。《史记·平原君虞卿列传》："虞卿料事揣情，为赵画策，何其工也！"

③介虫：有甲壳的虫类。《礼记·月令》："孟秋行冬令，则阴气大胜，介虫败谷。"郑玄注："介，甲也。甲虫属冬。"捍：捍卫，抵御。

④螫(shì)虫：有毒腺的虫子，可以刺人或动物。《说文》："螫，虫行毒也。"

〔译文〕

人之常情在于说出话来总希望有人听从，做什么事情都希望能成功。因此，聪明的人不利用自己的短处，而利用愚笨人的长处；不用自己笨拙的一面，而用愚笨人精巧的一面，所以不会陷入困境。说到有利的因素，就要发挥自己的长处；说到有害的因素，就要避开自己的短处。因此有甲壳的虫子保护自己，必然会使用自己坚厚的甲壳;有毒腺的虫子在进攻的时候,必然会使用自己的毒腺攻击对手。禽兽都知道利用自己的长处,而游说者也应该知道用他最应该用的方法。

故曰辞言有五[①]:曰病、曰恐、曰忧、曰怒、曰喜。病者,感衰气而不神也[②];恐者,肠绝而无主也;忧者,闭塞而不泄也[③];怒者,妄动而不治也[④];喜者,宣散而无要也[⑤]。此五者,精则用之,利则行之。故与智者言,依于博;与博者言,依于辨;与辨者言,依于要;与贵者言,依于势;与富者言,依于高;与贫者言,依于利;与贱者言[⑥],依于谦;与勇者言,依于敢[⑦];与愚者言,依于锐。此其术也,而人常反之。

〔注释〕

①辞言:不被人接受的言辞。辞,同"辤",《说文》:"辤,不受也。"

②衰气:衰败之气。

③闭塞:精气郁结不畅。泄:情绪、情欲等发散出去。

④妄动:轻率行动,胡乱行动。《战国策·燕策一》:"今大王事秦,秦王必喜,而赵不敢妄动矣。"

⑤宣散:宽舒而松弛。要:要领。

⑥贱者:地位卑下的人。谦:谦和。

⑦敢:果决,果敢。《荀子·性恶》篇:"天下有中,敢直其身。"杨倞注:"敢,果决也。"

〔译文〕

因此说不被人接受的言辞有五种：病辞、恐辞、忧辞、怒辞、喜辞。病辞，让人听了感到气势衰败而没有精神；恐辞，让人听了像肠断一样六神无主；忧辞，让人听了精气郁结、心情不畅；怒辞，让人听了轻率行动而不安定；喜辞，让人听了情绪欢畅，心意流散，但无法把握住言谈要领。这五种言辞，只有精通它的特殊用途才能使用，只有发挥它有利的一面时才可实行。因此与智慧的人交谈，言辞要依靠广博；与知识广博的人交谈，言辞要依靠思辨；与善于思辨的人交谈，言辞要依靠简明扼要、提纲挈领；与地位高贵的人交谈，言辞要依靠气势；与富有的人交谈，言辞要依靠高傲；与贫穷的人交谈，言辞要依靠能给对方带来利益；与地位低下的人交谈，言辞要依靠谦和；与勇敢的人交谈，言辞要果敢；与愚笨的人交谈，言辞要依靠锐利。这些都是言谈的方法，而人们常常违反它们。

是故与智者言，将以此明之；与不智者言，将以此教之，而甚难为也。故言多类①，事多变。故终日言，不失其类而事不乱②，终日不变而不失其主。故智贵不妄③。听贵聪，智贵明，辞贵奇④。

〔注释〕

①言多类：言辞有多种类别。

②不失其类而事不乱:要根据具体情况选择不同种类的言辞,事情就不会混乱。《邓析子·无厚》篇"谈者,别殊类,使不相害;序异端,使不相乱"与此文意近。

③智贵不妄:聪明的人贵在不妄动。

④"听贵聪"三句:听言贵在听得清楚,智慧贵在能明辨是非,言辞贵在出人意料。陶弘景注:"听聪则真伪不乱,知明则可否自分,辞奇则是非有证。三者能行,则功成事立,故须贵也。"

〔译文〕

因此与聪明的人言谈,可以用这些方法使他们明白;与不聪明的人言谈,可以用这些方法教导他们,但这是很难办到的。言辞有多种类别,事情又存在多种变化。因此我们每天言谈的时候,要根据具体情况选择不同种类的言辞,事情就不会混乱,即便一整天谈的内容不变也仍然不会失掉主题。所以聪明的人贵在根据不同情况使用不同种类的言辞而不妄动。听言贵在听得清楚,智慧贵在能明辨是非,言辞贵在出人意料。

谋篇第十

〔题解〕

《太平御览》引此篇作“谋虑篇”。本篇首先讲述实施计谋的基础条件：要审查事情，在此基础上制定上、中、下三策；以郑人取玉为例，指出“度材”“量能”“揣情”是办事的指南；还要会察同异之分。接着论述实施计谋要因人而异，其中关键是要善于抓住对方的弱点。比如愚者容易被蒙蔽，不肖者胆小怕事，贪婪者容易被引诱。但仁人、勇士、智者却各有自己的优秀品格，一般来说很难使其屈服，但他们的优点也正是他们的缺点，作者指出仁人可使出费，勇士可使据危，智者可使立功，因此要因人而异。

作者谈到了计谋运用的一些技巧、手段。首先，要善于因循各种客观条件，即作者连续提到的六个“因”。其次，作者又讲述了“摩而恐之”“高而动之”等多种具体手段。再次，要注意缔结盟友，使用奇计，出其不意。同时还指出了运用计谋时需要特别注意的事项：要根据自己的身份决定说话的内容及深浅，不要勉强别人，学会顺从他人的嗜好，避讳他人的缺点等。最后，该篇还阐明了实施计谋的几点原则。一是要掌握主动权，不能受别人控制。二是要贵智。智者事易,不智者事难,因此要多动脑筋,开掘智慧,多和聪明人合作。三是要隐藏不漏。圣人之道在隐与匿。

凡谋有道①,必得其所因②,以求其情。审得其情③,乃立三仪④。三仪者:曰上,曰中,曰下,参以立焉⑤,以生奇⑥。奇不知其所壅⑦,始于古之所从。故郑人之取玉也,载司南之车,为其不惑也⑧。夫度材量能⑨,揣情者,亦事之司南也。

〔注释〕

①道:规律。

②因:原由,事物产生的起因、条件。

③审:详尽地。

④仪:法度,准则。三仪:陶弘景注云“言审情之术,必立上智、中才、下愚”。《太平御览》卷四百六十二引《谋虑》篇云:“乃立三仪,曰上、中、下,曰参以立焉。变生事,事生谋,谋生计,计生仪,仪生说,说生进。”注曰:“三仪,有上有下有中。会同异曰仪,决是非曰说。”

⑤参:参验。《荀子·解蔽》:“参稽治乱而通其度。”杨倞注:“参,验。”

⑥奇:指奇策、奇谋。陶弘景注云:“三者参以验之,然后奇计可得而生。”

⑦壅:堵塞。

⑧“故郑人之取玉也”三句:《艺文类聚》卷八十三《宝玉部上》引《鬼

谷子》曰“郑人之取玉也，必载司南之车，为其不惑也”，较本文多一“必”字。

⑨度材量能：忖度衡量才能。

〔译文〕

凡是谋划策略都要遵循一定的规律，一定要弄清事情产生的原由，以探求事情发展的当下状况。详尽地掌握了事情的起因及现状，然后制定三种策略。所谓三种策略就是上策、中策、下策，三种策略互相参验，互相补充，就能产生出奇妙的计策。奇计的施行不会受到任何阻碍，这是因为遵从了古人已经使用过的策略。所以郑国的人去山里采玉，就要驾着用来测方向的指南车，这样做可以不迷失方向。忖度衡量对方的才能，并揣测事情的实际情况，这也是行事制定计谋的指南针。

故同情而相亲者，其俱成者也；同欲而相疏者①，其偏害者也②。同恶而相亲者③，其俱害者也；同恶而相疏者，偏害者也。故相益则亲，相损则疏。其数行也④，此所以察异同之分也。故墙坏于其隙⑤，木毁于其节⑥，斯盖其分也。故变生事，事生谋，谋生计，计生议，议生说，说生进，进生退，退生制⑦，因以制于事。故百事一道，而百度一数也⑧。

〔注释〕

①“故同情而相亲者”三句：陶弘景注云“同情，谓欲共谋立事，事若俱

成，后必相亲，若乃一成一害，后必相疏，理之常也”。疏，疏远。《淮南子·兵略训》“同利相死，同情相成，同欲相助”，与此义相近。

②偏害：俞樾《诸子平议补录·鬼谷子》认为“偏害”乃涉下文而误，下文上言“俱害”，下言“偏害”；此上言“俱成”，下宜言“偏成”。

③恶(wù)：讨厌，憎恨。

④数：规律，法则。

⑤墙坏于其隙：墙从有裂缝的地方坍塌。《淮南子·人间训》：“夫墙之坏也于隙，剑之折必有齿。”隙，间隙，缝隙。

⑥节：树木主干和枝干交接之处。

⑦“故变生事”八句：陶弘景注云“言事有本根，各有从来，譬之卉木，因根而有枝条花叶，故因变隙，然后生于事业。事业者，必须计谋成；计谋者，必须议说；议说者，必有当否，故须进退之。既有黜陟，须别事以为法”。《太平御览》卷四百六十二引作：“变生事，事生谋，谋生计，计生仪，仪生说，说生进。”注曰：“会同异曰仪，决是非曰说”。

⑧“故百事一道”二句：萧登福《鬼谷子研究》云：“‘百事一道’‘百度一数’，相对成文，意谓各种事物、各种制度，其根本道理都是相同的。”

〔译文〕

欲望相同而事后还能关系亲密者，是因为他们一起取得了成功；有共同的欲望而事后关系疏远者，是因为有一方受到了伤害。共同憎恨某事而关系相亲者，是因为两人都受到了这件事的伤害；共同憎恨某事而关系疏远者，是因为有一人受到了伤害而另一人没有受到伤害。因此共同获取利益就能保持关系亲密，其中一方受到损失就会导致关系疏远。以上规律总是在不知不觉中运行，这也正好可以用来考察异同之分。墙从有裂缝的地方坍塌,树木从有结节的地方折断,这大概是因为它们内部有分裂吧。因此变化产生事端,有了事端就会产生解决事端的谋略,有了谋略就会产生具体的计划,有了计划就会产生对计划安排的争论,有了争论就产生辩说,经过大家的辩说就能产生进取的策略,有了进取的策略还要考虑退守的策略,进而制定整体的策略,以控制事情的发展。因此各种事情都有一个基本道理,各种制度都有一个根本规律。

夫仁人轻货①,不可诱以利,可使出费②;勇士轻难③,不可惧以患,可使据危④;智者达于数,明于理,不可欺以不诚,可示以道理,可使立功,是三才也⑤。故愚者易蔽也,不肖者易惧也⑥,贪者易诱也,是因事而裁之⑦。故为强者积于弱也,为直者积于曲也,有余者积于不足也。此其道术行也⑧。

〔注释〕

①仁人:有德行的人。轻货:轻视财物。

②费:费用。

③难:灾难,灾祸。

④据:处于,占有。

⑤三才:指仁人、勇士、智者三种人才。陶弘景注:“使轻货者出费,则费可全;使轻难者据危,则危可安;使达数者立功,则功可成。总三才而用之,可以光耀千里,岂徒十二乘而已?”

⑥不肖：不成材，不正派。《礼记·射义》："发而不失正鹄者，其唯贤者乎？若夫不肖之人，则彼将安能以中？"孔颖达疏："不肖，谓小人也。"

⑦裁：节制，抑制。

⑧"故为强者积于弱也"四句：陶弘景注云"柔弱胜于刚强，故积弱可以为强；大直若曲，故积曲可以为直；少则可以得众，故积不足可以为有余。然则以弱为强，以曲为直，以不足为有余，斯道术之所行，故曰道术行也"。

〔译文〕

有德行的人对财物看得很轻，不可以用物质利益来诱惑他，但可以让他提供一些费用；勇士不畏惧灾难，不可以用祸患来吓唬他，但可以让他们占据危险之地；智者通达于数术，明晓事理，不可以用不诚实的手段欺骗他，却可以向他讲明道理，使他建立功业，这是三种人才啊。因此愚昧的人容易受蒙蔽，不肖的人容易被吓到，贪婪的人容易被诱惑，这三种人可以根据具体情况加以利用。所以强大是由弱小积累而成，平直是由去掉弯曲积累而成，富余是由不足积累起来的。这就是道术得以实行的原因啊。

故外亲而内疏者，说内；内亲而外疏者，说外①。故因其疑以变之②，因其见以然之③，因其说以要之，因其势以成之，因其恶以权之④，因其患以斥之⑤。摩而恐之⑥，高而动之，微而证之，符而应之，拥而塞之⑦，乱而惑之。是谓计谋。

〔注释〕

①“故外亲而内疏者”四句：陶弘景注云“外阳相亲，而内实疏者，说内以除其内疏也；内实相亲，而外阳疏者，说外以除其外疏也”。

②因：依，顺着。《慎子·因循》：“天道因则大，化则细。因也者，因人之情也，人莫不自为也，化而使之为我，则莫可得而用矣。……故用人之自为，不用人之为我，则莫不可得而用矣。此之谓因。”

③见：同“现”，表现，显露。然：认为……是对的。《史记·高祖本纪》：“沛公然其计，从之。”

④权：权衡。

⑤患：忧患。斥：摈斥。《汉书·武帝纪》：“与闻国政而无益于民者斥。”颜师古注：“斥谓弃逐之。”

⑥摩：揣摩之术。

⑦拥：遮盖，壅塞。《礼记·内则》：“女子出门，必拥蔽其面。”郑玄注：“拥犹障也。”

〔译文〕

因此表面亲近而内心疏远的人，要从内心进行游说；内心亲近而没有从外面表现出来的人，要从外部着手进行游说。所以，根据对方的疑惑改变游说的内容，根据对方的表现来肯定他，根据对方的言说确定游说的要点，根据对方的有利形势成就他，根据对方的憎恶权衡变通，根据对方的担忧想办法排除掉。用揣摩之术使他恐惧，抬高其地位使他有所触动，在小的地方证实对方，验证对方的真实态度再响应，拥堵对方加以阻塞，搅乱局势使其迷惑。这些就叫作计谋。

计谋之用，公不如私，私不如结[①]，结而无隙者也[②]。正不如奇[③]，奇流而不止者也。故说人主者，必与之言奇；说人臣者，必与之言私。其身内，其言外者疏；其身外，其言深者危[④]。无以人之所不欲而强之于人[⑤]，无以人之所不知而教之于人。人之有好也，学而顺之；人之有恶也，避而讳之。故阴道而阳取之[⑥]。

〔注释〕

①“计谋之用”三句：陶弘景注：“公者扬于王庭，名为聚讼，莫执其咎，其事难成，私者不出门庭，慎密无失，其功可立，故曰公不如私，虽复潜谋，不如与彼要结，二人同心，物莫之间，欲求其隙，其可得乎？”

②隙：嫌隙，隔阂。《国语·周语中》：“若承命不违，守业不懈，宽于死而远于忧，则可以上下无隙矣。”韦昭注：“隙，瑕衅也。”

③正不如奇：守正不如用奇。《老子》第五十七章：“以正治国，以奇用兵。”

④深：重大。

⑤无以人之所不欲而强之于人：不要把人家不想要的强加给别人。无，通“毋”，不要。《论语·卫灵公》篇：“己所不欲，勿施于人。”

⑥“人之有好也”五句：陶弘景注：“学顺人之所好，避讳人之所恶，但阴自为之，非彼所逆，彼必感悦，明言以报之，故曰阴道而阳取之也。”好，嗜好。恶，厌恶。

〔译文〕

计谋的运用,公开不如私下进行,私下不如缔结盟约,缔结盟约就没有间隙可乘。运用计谋遵守常理不如出人意料变幻莫测,奇计运行起来就像流水一样无往不胜。所以游说君主的时候一定要用奇计,游说人臣的时候要私下进行。身在内部却把计谋泄露给外面,就必然被疏远;身在外部却总是谈论内部重大的事情,就会很危险。不要把人家不想要的强加给别人,不要拿别人不知道的事强去教导别人。如果对方有某种嗜好,学着顺应他;如果对方有某些厌恶的东西,要尽量避开不去谈论。因此在暗地里使用这种方法换取公开的回报。

故去之者从之,从之者乘之①。貌者,不美又不恶,故至情托焉②。可知者③,可用也;不可知者,谋者所不用也。故曰事贵制人,而不贵见制于人。制人者,握权也;见制于人者,制命也④。故圣人之道阴,愚人之道阳⑤。智者事易,而不智者事难⑥。以此观之,亡不可以为存,而危不可以为安。然而无为而贵智矣⑦。

〔注释〕

①“去之者从之”二句:想要除掉某人先放纵他,放纵他正是为了等待时机除掉他。从,《道藏》本作“纵”,放纵。乘,趁机。《老子》第三十六章“将欲歙之,必固张之;将欲弱之,必固强之;将欲废之,必固兴之;将欲夺

之,必固与之”,与此句意思相近。

②至情:真情。《六韬·文韬·文师》:“言语应对者,情之饰也。言至情者,事之极也。今臣言至情不讳,君其恶之乎?”

③可知者:可以彻底了解的人,知根知底的人。

④制命:命运被别人控制。

⑤“故圣人之道阴”二句:陶弘景注云“圣人之道,内阳而外阴;愚人之道,内阴而外阳”。

⑥“智者事易”二句:聪明的人做事容易,而不聪明的人做起事来就比较困难。陶弘景注:“智者宽恕故易事,愚者猜忌故难事。”

⑦“亡不可以为存”三句:注定灭亡的东西不可以再存在,处在危急的情势下也很难转危为安。虽然如此我们还是要顺应自然重视智慧。《国语·吴语》:“危事不可以为安,死事不可以为生,则无为贵智矣。”韦昭注:“言人之不能以危易安,以死易生,则何贵于智。”据《国语》,俞樾认为本文“然而无为而贵智矣”疑有衍误。

〔译文〕

想要除掉某人先放纵他,放纵他正是为了等待时机除掉他。外表冷静不因喜欢或厌恶而发生变化,喜怒不形于色,这样的人可以托付真情。知根知底的人,可以使用他;不知根知底的人,善于谋划的人是不敢使用他的。所以说做事贵在能控制别人,而不是被别人控制。控制别人的人,自己就掌握着主动权;被别人控制的人,自己的命运也被别人掌握着。所以圣人运用谋略的原则是隐藏不露,愚人运用谋略则是公开宣扬。聪明的人做事容易,而不聪明的人做起事来就比较困难。由此可以看出,注定灭亡的东西不可以再存在,处在危急的情势下也很难转危为安。虽然如此,我们还是要顺应自然重视智慧。

智用于众人之所不能知,而能用于众人之所不能见。既用,见可否①,择事而为之,所以自为也②;见不可,择事而为之,所以为人也。故先王之道阴,言有之曰:“天地之化,在高与深。圣人之制道,在隐与匿。非独忠信仁义也,中正而已矣③。”道理达于此之义,则可与语。由能得此④,则可以穀远近之义⑤。

〔注释〕

①否:疑衍,“见可”“见不可”相对为文。

②自为:为自己。

③“非独忠信仁义也”二句:为人处世并非只讲忠信仁义,内心保持正直公正也是可以的。鬼谷子讲实用,并不像儒家一样处处标榜忠信仁义。

④由:由于,因为。《孟子·梁惠王上》:“何由知吾可也?”

⑤穀:美,善。《诗经·陈风·东门之枌》:“穀旦于差,南方之原。”《毛传》:“穀,善也。”

〔译文〕

智慧要用在众人不能知晓的地方,才能用在众人所不能看见的地方。运用智慧,如果可行,选择事情去做,这是为了自己的利益;如果不可行,选择事情去做,这是为了帮助别人。所以先王的治国之道是隐藏不露的,有这样的言语说:“天地的造化在于高深莫测,圣人的治世之道在于隐匿深藏。为人处世并非只讲忠信仁义,内心保持正直公正也是可以的。”能够通达了解这个道理,就可以与之交谈。由于能够懂得这种道理,则可以美善远近之义,使人归服。

决篇第十一

〔题解〕

决,即决断。能否决断,关系着事情的成败,古往今来,历史上很多人物,有的因为做出正确决断而成就伟业,名垂千古;有的则由于未能准确决断,则功败垂成以致身败名裂。所以古人非常重视决断问题。本篇即是主要讲述决疑断难的相关问题。

首先,作者强调利害是决定策士的决断能否被接受的重要依据,所以决策者要遵循趋利避害的原则做决断,否则决策就不能实行,游说失败。其次,作者列举了圣人决断的五种方法:阳德、阴贼、信诚、蔽匿、平素。并提出要注意"度之往事,验之来事,参之平素",为决断提供参考。接着又指出可以给王公大人提供决策的五种具体情况:有危险但可以成就美名的事情,如果可行就做出决断;不用费力气容易成功的事情,如果可行就做出决断;需要费力而且遭受辛苦但又不得不去做的事情,如果可行就做出决断;能够除去祸患的事情,如果可行就做出决断;能够带来福祉的事情,如果可行就做出决断。最后,作者又指出决断不容易，但意义重大，是万事之基，关系着国家的治乱、事情的成败。

凡决物①，必托于疑者。善其用福，恶其有患②。善至于诱也，终无惑偏③。有利焉，去其利则不受也④，奇之所托⑤。若有利，于善者隐托于恶，则不受矣，致疏远。故其有使失利者，有使离害者⑥，此事之失⑦。

〔注释〕

①决物：决断事情。决，决断，决定。物，事。陶弘景注："有疑然后决，故曰：必托于疑者。"

②"善其用福"二句：陶弘景注云"凡人之情，用福则善，有患则恶。福患之理未明，疑之所由生，故曰：善其用福，恶其有患"。许富宏《鬼谷子集校集注》云："此言有疑托于决，善用决则得福，不善用决则招祸。"

③"善至于诱也"二句：陶弘景注云"然善于决疑者，必诱得其情，乃能断其可否也"。意即善于决断者，必须想方设法使用手段诱得事情的真相，方能正确决断，最终不至于迷惑。惑，迷惑。偏，不正，偏斜。《尚书·洪范》："无偏无陂。"伪《孔传》："偏，不平；陂，不正。"

④去其利则不受也：陶弘景注云"若乃去其福利，则疑者不受其决"。意即如果决断不能带来福利，则不被人接受。去，去除，去掉。

⑤奇之所托：托之于奇诈之术。奇，出人意料，变幻莫测。《老子》第五十七章："以正治国，以奇用兵。"河上公注云："奇，诈也。天使诈伪之人，使用兵也。"

⑥离：通"罹"，遭受。

⑦此事之失：指决断失败。

〔译文〕

凡是决断事情，必然是由于犹豫不决。善于决断就会有福祉，不善于决断就会有祸患。善于决断者，必须使用手段诱得事情的真相，方能正确决断，最终不至于迷惑。决断要能得到利益，如果利益被去掉，决断则不能被人接受。如果每次决断都能带来利益，就必须依靠奇诈之术。如果你的决断是有利的，但这种好的利益是隐藏在不利的表面形式中，他们也不会接受你的决策，以致疏远你。因此决断有的可能会使人失去利益，有的可能会遭受祸害，这就是决断失误的后果。

圣人所以能成其事者有五：有以阳德之者①，有以阴贼之者②，有以信诚之者③，有以蔽匿之者④，有以平素之者⑤。阳励于一言，阴励于二言⑥，平素、枢机以用⑦，四者微而施之⑧。于是度之往事⑨，验之来事，参之平素，可则决之。王公大人之事也⑩，危而美名者⑪，可则决之；不用费力而易成者，可则决之；用力犯勤苦⑫，然不得已而为之者，可则决之；去患者，可则决之；从福者，可则决之。

〔注释〕

①阳德：公开施予恩德。陶弘景注："圣人善变通，穷物理，凡所决事，

期于必成。事成理著者，以阳德决之；情隐言伪者，以阴贼决之。道诚志直者，以信诚决之；奸小祸微者，以蔽匿决之；循常守故者，以平素决之。”

②阴贼：阴狠残忍。《史记·游侠列传》：“（郭解）少时阴贼，慨不快意，身所杀甚众。”司马贞《索隐》：“以内心忍害。”俞棪《鬼谷子新注》言：“按《淮南子·人间训》曰：‘物或损之而益，或益之而损。’又曰：‘事或夺之而反与之，或与之而反取之。’此之谓阳德阴贼。”

③信诚：诚实不欺。《逸周书·官人解》：“父子之间观其孝慈，兄弟之间观其和友，君臣之间观其忠惠，乡党之间观其信诚。”

④蔽匿：隐藏，隐瞒。《管子·内业》：“全心在中，不可蔽匿。”房玄龄注：“有诸内，必形于外也。”

⑤平素：平常之道德操行。《鹖冠子·学问》：“道德者，操行所以为素也。”陆佃注：“素，如献素之素。道德，操行之本，故曰素也。”

⑥“阳励于一言”二句：陶弘景注：“励，勉也。阳为君道，故所言必励于一。一，无为也。阴为臣道，故所言必励于二。二，有为也。”萧登福曰：“一言，谓言辞须专诚不二；二言，谓言辞疑惑难明。阳贵在明施以德，故言辞须专诚不二；阴重在蔽匿贼害，故须使之疑惑难明。”

⑦枢机：比喻事物的关键部分。《周易·系辞上》：“言行，君子之枢机，枢机之发，荣辱之主也。”王弼注：“枢机，制动之主。”孔颖达疏：“枢谓户枢，机谓弩牙。”

⑧四者微而施之：陶弘景注：“君道无为，故以平素为主；臣道有为，故以枢机为用。言一也，二也，平素也，枢机也，四者其所施为，必精微而契妙，然后事行而理不难。”微，精妙。《汉书·食货志下》：“殺之甚微，为利甚厚。”颜师古注：“微，谓精妙也。”

⑨度（duó）：揣测。

⑩王公大人：国君重臣。《墨子·尚贤上》：“古者王公大人为政于国

家者，皆欲国家之富、人民之众。”

⑪危而美名者：陶弘景注云“危，由高也。事高而名美者，则为决之”。

⑫犯：遭到，冒着。

〔译文〕

圣人之所以能成就事业，是因为他们使用这样五种方法或手段：有的使用“阳德”之法，公开地施予恩德感化对方；有的使用“阴贼”之法，暗中使用手段加害对方；有的使用“信诚”之法，用诚实信用去感化对方；有的使用“蔽匿”之法，用欺瞒的手段迷惑对方；有的使用“平素”之法，以平时的常德解决问题。阳德贵在明施以德，所以言辞要追求专一；阴贼重在蔽匿贼害，所以言辞须前后不一，使对方真假难辨。“阳德”之法和“阴贼”之法，再加上平常使用的方法和关键时候使用的方法，这四种方法要精妙地配合使用。于是揣度以往的事，验证将来的事，参考平常发生的事，可行则做出决断。国君重臣的事情，以下情况可以帮其决断：身处危境但事成之后可以留下美名的，可行就做决断；不用费多大力气就能轻易成功的事，可行就做决断；需要花大力气而且遭受很大辛苦，但又不得不去做的事，可行就做决断；能够除去祸患的事，可行就做决断；能够带来福祉的，可行就做决断。

故夫决情定疑，万事之基①。以正治乱②，决成败，难为者③。故先王乃用蓍龟者④，以自决也。

〔注释〕

①基:起始。《汉书·枚乘传》:“福生有基,祸生有胎。”颜师古注引服虔曰:“基、胎,皆始也。”

②正治乱:纠正乱政。治乱,此处偏指“乱”。

③难为者:陶弘景注云“治乱以之正,成败以之决,失之毫厘,差之千里。枢机之发,荣辱之主,故曰难为”。意谓决断关系重大,是很难的事。

④蓍龟:古人用蓍草与龟甲占卜吉凶,因借指占卜。《周易·系辞上》:“探赜索隐,钩深致远,以定天下之吉凶,成天下之亹亹者,莫大乎蓍龟。”《史记·龟策列传》:“王者决定诸疑,参以卜筮,断以蓍龟,不易之道也。”

〔译文〕

决断事情、判定疑惑,是万事的开始。它关系着国家治理,决定着事情的成败,是很难的一件事。所以,古代的先王就用蓍草和龟甲进行占卜,来帮助自己决断事情。

符言第十二

〔题解〕

此篇与《管子·九守》略同。过去有学者认为《符言》是袭自《管子·九守》,如何如璋云:“《鬼谷子》有《符言》篇,乃抄袭《九守》而易其标目者,所异不过数字。”(《管子析疑》)但李学勤先生将《符言》“主位”节与马王堆帛书《称》篇相对读发现,“主位”节前三句和《称》篇基本相同,而《管子·九守》并没有“善予而不争”一句,这充分表明,《符言》确有所本,不是对《管子》的抄袭(李学勤:《〈鬼谷子·符言〉篇研究》,《古文献丛论》,上海远东出版社1996年版,第209页)。从大量的出土简帛我们可以看到,早期的文献经常会有这样一种现象:一句话、一段文句甚或一篇文章,可能会同时互见于两种以上文献中。这些散见于不同文献中的互见篇章,可能有一个更早的共同来源。因此对于这些互见篇章,不能简单地认为是谁抄袭自谁,更不能将成书较晚的视为伪作。比如,《符言》的“主位”“主听”“主明”三节见于《六韬·文韬·大礼》篇的后半部分,内容基本相同,当是《六韬》采自《符言》,但不能据此认为《大礼》是伪作。它是《大礼》的作者根据编纂的需要而对文本的加工。还有《符言》"主赏"一节亦见于《六韬·文韬·赏罚》篇，而"主因"一节部分内容则见于《邓析子》。另外，《文子》一书有《符言》篇和《九守》篇，其篇名当来源于《鬼谷子》和《管子》。

符，即符节。"符言"，符以示信，言以达诚。本篇论述了君主在用人、治国等方面的九种方法：主位、主明、主听、主赏、主问、主因、主周、主参、主明。主位讲的是君主要安徐正静，善与不争；特别要虚心平意以备损伤。主明讲的是君主要善于用天下人之目视、耳听、心虑，这样才叫明，才能不被蒙蔽。主听论述人主不要固执己见，不要拒绝别人的意见。主赏讲的是如何赏罚，要做到"用赏贵信，用刑贵正"。主问论述人主应该了解天道、地道、人道，以消除天地间、人世间的疑问。主因讲人君要因循事物的常理，赏善罚非，以使国家长治久安。主周讲君主做事要谨慎周密。主参论述君主要参用众言、明察秋毫。主名论述君主把握名实原则，循名求实。

安徐正静①，其柔节先定②。善与而不争③，虚心平意以待倾损④。右主位⑤。

〔**注释**〕

①安徐正静：《管子·九守》作："安徐而静。"房玄龄注："人居位，当安徐而又静默。"

②其柔节先定：秦恩复嘉庆刻本作"其被节先肉"，今据李学勤先生说校改。李学勤先生认为：秦汉"柔"字写法与"皮"字略似，疑"柔"字讹为

"皮",又改为"被"。"肉"字常写如"宍",与"定"相近。《管子·九守》与马王堆帛书《称》篇正作"柔节先定"。《管子·九守》房玄龄注云:"以和柔为节,先能定己,然后可定人。"

③善与而不争:"争"原作"静",帛书《称》篇作:"柔节先定,善予不争。"《六韬·文韬·大礼》作"善与而不争",据改。《管子·九守》无此句。

④虚心平意以待倾损:平心静气以备伤损。待,防御防备。如《周易·系辞下》:"上栋下宇,以待风雨。"倾,损伤。《国语·吴语》:"夫吴民离矣,体有所倾,譬如群兽然,一个负矢,将百群皆奔,王其无方收也。"韦昭注:"倾,伤也。"李学勤先生认为:此句"'损'字系衍文,《国语·吴语》韦昭注训'倾'为'伤',与'损'义近,此处大约有人训'倾'为'损',注于'倾'下,后来阑入正文"。《管子·九守》此句作"虚心平意以待须","须"当为"倾"之讹。虚心平意,房注云:"虚其心,平其意。"

⑤右主位:右面是"主位"的内容。"主位"是这一节的标题。李学勤先生说:"其所以加'右'字,是因为原来在竹简上,各节之后另附一简,书写标题,而节的本文在标题之右。"

〔译文〕

人君应该安定徐缓平心静气,柔和克制先让自己安定,然后才能安定别人。善于给予而不去争斗,虚心平意以防备损伤。以上是"主位"的内容。

目贵明①,耳贵聪②,心贵智③。以天下之目视者,则无不见④;以天下之耳听者,则无不闻⑤;以天下之心思虑者[6]，则无不知。辐辏并进[7]，则明不可塞[8]。右主明。

〔注释〕

①贵：注重，重视。明：眼力好，看得清楚。

②聪：听明白。如《荀子·劝学》："目不能两视而明，耳不能两听而聪。"

③智：聪明，智慧。

④见：看见，表示视觉的结果。

⑤闻：听见，表示听觉的结果。

⑥思虑：思索考虑。

⑦辐辏：集中，聚集，亦作"辐凑"。《管子·任法》："群臣修通辐凑，以事其主，百姓辑睦听令，道法以从其事。"

⑧塞：堵塞，蒙蔽。"辐辏并进，则明不可塞"句，《管子·九守》房玄龄注："言圣人不自用其聪明思虑，而任之天下，故明者为之视，聪者为之听，智者为之谋，辐凑并进，不亦宜乎？故曰'明不可塞'。"

〔译文〕

眼睛重在看得清楚，耳朵重在听得清楚，心智重在聪明。用天下人的眼睛去看，则没有看不到的；用天下人的耳朵去听，则没有听不到的；用天下人的心智去思考谋虑，则没有不知道的。能使天下人的眼明、耳聪、心智集中到一起，君主就会英明不可阻挡。以上是"主明"的内容。

听之术[1]，曰勿坚而拒之[2]。许之则防守[3]，拒之则闭塞。高山仰之可极，深渊度之可测。神明之听术正静④，其莫之极。右主听。

〔注释〕

①听：原作“德”，据《管子·九守》《六韬·文韬·大礼》改。繁体字“聽”与“德”字形相近而讹。此节主要讲君主听取臣下之术。

②坚：固执。

③防守：《管子·九守》《六韬·文韬·大礼》作“失守”。“许之则防守”二句：刘寅《六韬直解》云：“听其言，勿妄而许之，勿迎而拒之。许之则失吾心之守；拒之，则闭塞吾耳之听。”

④神明：神圣，高超。《礼记·檀弓上》：“其曰明器，神明之也。”孔颖达疏：“神明，微妙无方，不可测度，故云‘非人所知’也。”《淮南子·兵略训》：“见人所不见谓之明，知人所不知谓之神。神明者，先胜者也。”正静：谓思虑精诚，心气平静。《管子·心术下》：“人能正静者，筋肕而骨强。”房玄龄注：“能静则神气全，故筋骨肕强也。”

〔译文〕

君主听取臣下的方法是，不要固执己见而拒绝臣下的意见。轻率地采纳臣下意见，则会失掉内心的执守；粗暴地拒绝臣下的意见，则言路闭塞。高山再高，只要一抬头就可以看到它的顶峰，深渊再深也可以度量它的深度。神明的听术要求人思虑精诚、心平气静，但没有人达到这个标准。以上是“主听”的内容。

用赏贵信，用刑贵正。赏赐贵信，必验耳目之所闻见[①],其所不闻见者,莫不暗化矣[②]。诚畅于天下神明,而况奸者干君[③]? 右主赏[④]。

〔注释〕

①“赏赐贵信”二句:赏赐重在诚信,而且要用耳朵所听到的、眼睛所看到的进行查验。陶弘景注:“言施恩行赏,耳目所闻见,则能验察不谬,动必当功。”验,检验,查验。

②莫不暗化:陶弘景注云“信在言前,虽不闻见者,莫不暗化也”。暗化,潜移默化,在不知不觉之中受影响而发生变化。《六韬·文韬·赏罚》作“阴化”。

③“诚畅于天下神明”二句:诚信能畅行于天下神灵之处,更何况那些奸邪之徒能不被查验出来吗?陶弘景注:“言每赏必信,则至诚畅于天下。神明保之如赤子,天禄不倾如泰山,又况不逞之徒,而欲奋其奸谋,干于君位者哉!此犹腐肉之齿,利剑锋接,必无事矣。”畅,没有阻碍,畅通。干,冒犯。

④右主赏:本节内容亦见于《六韬·文韬·赏罚》。

〔译文〕

施行奖赏重在讲究信用,使用刑罚重在公正。赏赐重在诚信,而且要用耳朵所听到的、眼睛所看到的进行查验,这样那些不能被人闻见的事情,莫不受此影响而不敢领取奖赏。诚信能畅行于天下神灵之处,更何况那些冒犯君主的奸邪之人能不被查验出来吗?以上是“主赏”内容。

一曰天之，二曰地之，三曰人之[1]。四方上下，左右前后，荧惑之处安在[2]？右主问。

〔注释〕

①“一曰天之”三句：指天道、人道、地道。陶弘景注：“天有逆顺之纪，地有孤虚之位，人有通塞之分。有天下者，宜皆知之。”

②荧惑：迷惑，炫惑。《盐铁论·论诽》：“夫苏秦、张仪，荧惑诸侯，倾覆万乘，使人失其所恃。”王念孙《读〈管子〉杂志》：“‘荧惑’，谓不明于天地人之道也。问心所眩惑之处，在‘四方上下’乎？抑在‘左右前后’乎？故曰：‘四方上下，左右前后，荧惑之处安在？’”

〔译文〕

一为天道，二为地道，三为人道。天地间四方上下，人世间前后左右，迷惑的地方在哪里？以上是“主问”的内容。

心为九窍之治，君为五官之长[1]。为善者，君与之赏[2]；为非者，君与之罚。君因其所以求，因与之，则不劳[3]。圣人用之，故能赏之[4]。因之循理[5]，固能久长。右主因[6]。

〔注释〕

①“心为九窍之治”二句：心是九窍的主管，君主是五官的首领。《管子·心术上》曰：“心之在体，君之位也；九窍之有职，官之分也。”九窍，指耳、目、口、鼻及尿道、肛门的九个孔道。五官，殷周时分掌政事的五个高

级官职。《礼记·曲礼下》:“天子之五官,曰司徒、司马、司空、司士、司寇,典司五众。”郑玄注:“此盖殷时制也。”

②与:给予。

③“君因其所以求”三句:萧登福《鬼谷子研究》云“意谓国君如能依据臣下所行的而施以赏罚,则赏罚完全由对方之行为而决定,自己无须费神,因此便不会过分劳苦了”。因,因循,依顺。求,《管子·九守》《邓析子·转辞》篇作“来”。刘绩《管子补注》:“‘所以来’,谓为善非;‘因而予之’,谓赏罚。”

④“圣人用之”二句:赏,《管子·九守》作“掌”。房玄龄注:“掌,主也。因来而赏,物皆属己,故能主之。”

⑤循理:遵循规律。

⑥右主因:以上内容讲的是“主因”。《邓析子·转辞》篇“为善者,君与之赏;为恶者,君与之罚。因其所以来而报之,循其所以进而答之。圣人因之,故能用之。用之循理,故能长久”,与本节内容相同。

〔译文〕

心是人体九窍的主管,君主是朝廷百官的首领。做好事的人,君主要给予奖赏;做坏事的人,君主要给予惩罚。国君依据臣下做的是好事还是坏事,而给予赏罚,自己则不用辛劳。圣人使用这个方法,所以能主宰赏罚。根据这个道理,遵循事物的规律,国家所以能长治久安。以上是“主因”的内容。

人主不可不周①。人主不周,则群臣生乱②。家于其无常也③,内外不通,安知所开④?开闭不善,不见原也[5]。右主周。

〔注释〕

①周:周密,周全。《管子·九守》房玄龄注:“周,谓谨密也。”

②“人主不周”二句:君主如果做事不周密,群臣就会产生动乱。生,《管子·九守》作“下”。房玄龄注:“不周,则泄其机事,故臣下交争而乱也。”

③家于其无常也:《管子·九守》作“寂乎其无端也”,房玄龄注:“慎密者当如是。”意即君主做事要机密寂静,臣下不能看出任何端倪。

④开:《管子·九守》作“怨”,房玄龄注:“外内不通,则事不泄,故无怨。”

⑤“开闭不善”二句:捭阖之道如果运用不好,就不能看到事情的本源。陶弘景注:“开闭,即捭阖也。既不用捭阖之理,故不见为善之源也。”原,本源。

〔译文〕

君主做事不可不周密谨慎。君主如果做事不周密,群臣就会产生动乱。寂静机密无任何端倪显露出来,内外信息不通,臣下又哪里会有怨言呢?捭阖之道如果运用不好,就难以看到事情的本源。以上是“主周”的内容。

一曰长目,二曰飞耳,三曰树明[1]。明知千里之外,隐微之中,是谓洞天下奸,莫不暗变更[2]。右主恭[3]。

〔注释〕

①“一曰长目”三句：陶弘景注云“用天下之目视，故曰长目。用天下之耳听，故曰飞耳。用天下之心虑，故曰树明”。

②“明知千里之外”四句：陶弘景注云“言用天下之心虑，则无不知。故千里之外，隐微之中，莫不玄览。既察隐微，故为奸之徒，绝邪于心胸，故曰：莫不暗变更改也”。隐微，隐约细微。《史记·司马相如列传》：“盖明者远见于未萌，而智者避危于无形，祸固多藏于隐微，而发于人之所忽者也。”

③主恭：《管子·九守》作“主参”。萧登福《鬼谷子研究》云：“以文义观之，则‘主恭’当为‘主参’之误，谓参用众言，以众人为我们之耳目。”

〔译文〕

一要用天下人的眼睛去看，二要用天下人的耳朵去听，三要用天下人的心虑去思考。千里之外、隐约细微之处都能够明白地知道，这就叫作洞察天下，这样天下的奸邪之徒没有不暗中改变的。以上是“主恭(参)”的内容。

循名而为[①]，实安而完；名实相生，反相为情[②]。故曰：名当则生于实，实生于理[③]，理生于名实之德[④]，德生于和，和生于当。右主名。

〔注释〕

①“循名而为”二句：按照名分去做事，事情的实际就能安全而完美。

陶弘景注:“实既副名,所以安全。”

②“名实相生”二句:名实相互依存,这是双方的本性。情,事物的本性。《吕氏春秋·审分览》:“按其实而审其名,以求其情。”

③理:道理,对事物的认识。

④德:通“得”,相得,相当。

〔译文〕

按照名分去做事,事情的实际就能安全而完美;按照客观实际确定名称,名称反映着客观实际,二者相互依存,这是事物的本性。所以说名称适当产生于客观实际,客观实际产生于我们对事物的认识,认识产生于名实相得,名实相得产生于我们的认识与客观事物的吻合,认识与客观事物的吻合产生于我们方法得当。以上是“主名”的内容。

转丸第十三(佚)

胠乱第十四(佚)

本经阴符七术

〔**题解**〕

本篇主要讲如何通过自身的修炼，增强内在精神意志以处理应付外在的各种事物。陶弘景注："阴符者，私志于内，物应于外，若合符契，故曰阴符。由本以经末，故曰本经。"本篇共有七小节，每节各讲述一个主题。其中前三节"盛神""养志""实意"主要讲述如何修养自身精神、涵养意志；后四节"分威""散势""转圆""损兑"论述如何运用自身的内在修为处理外在的事物。

其一，"盛神法五龙"论述如何旺盛精神。主张养神要"同天而合道"，道是神明之源，要通过内心的修炼，五气才能得到修养，精神才能聚集。这样才能如真人一般怀天心、施德养而无所不能。

其二，"养志法灵龟"论述如何养志。作者认为养志要节欲，因为欲望过多心神就涣散，心神涣散意志就会衰退，所以心神专一，欲望就不会来烦扰。养志的目的一方面是为了自己心气畅通，一方面是为了知人。养志从一开始就要做到自己内心安静，内心安静才能意志坚实。

其三,“实意法螣蛇”论述如何使自己思虑充实。文中指出,要使自己思虑充实,就要内心安静,内心安静才能思虑深远,计谋才能成功。因此要做到“安静五脏”“和通六腑”,精神魂魄固守不动,如此便可知万物造化、阴阳终始,人间的政事也能应付自如。

其四,“分威法伏熊”论述如何分散对方威势。要想分散对方的威势,必须先使自己有足够的威势。所以要静意固志,精神集中,先涵养意志,隐藏意图,使威势充盈于体内,同时注意以实取虚,以有取无,充分利用自己的优势,做到神存兵亡,形成强大的气势。

其五,“散势法鸷鸟”论述如何散发自己的威势来慑服对手。散势要效法鸷鸟,鸷鸟凶猛敏捷,寻机而动,一击必中。所以文中强调“必循间而动”,一定要寻找对方的间隙而行动。因而要“善思间”,善于思考对方的漏洞,探听其虚实,同时自身还要内精五气,威肃内盛,从而在有利时机散势归服敌方。

其六,“转圆法猛兽”论述怎样如圆环旋转一样使计谋快速产生。作者指出要想有无穷的计谋,一定要具备圣人之心,探求奇妙无穷的智谋并精通心计。天道混沌一体,自然万物各有类属,智谋也各有自己的形态,懂得了这些道理才能应付人世间的各种事情,从理论上、计谋上做到圆满周全合于实际,既讲究灵活又坚持原则。

其七,“损兑法灵蓍”论述如何减少他虑、专心察理。作者认为减少他虑、专心察理是果断处理危机的关键因素。要像圣人一样以自然无为的心态对待有德之士，要善于观察言辞是否合于事理，顺应自然之道来制定计划。

盛神法五龙[①]

盛神中有五气[②]，神为之长[③]，心为之舍[④]，德为之大，养神之所归诸道。道者天地之始[⑤]，一其纪也[⑥]，物之所造，天之所生，包宏无形，化气[⑦]，先天地而成，莫见其形，莫知其名，谓之神灵[⑧]。故道者，神明之源。一其化端[⑨]，是以德养五气，心能得一，乃有其术[⑩]。术者，心气之道所由舍者，神乃为之使。九窍十二舍者[⑪]，气之门户，心之总摄也[⑫]。生受于天，谓之真人[⑬]。真人者，与天为一。

〔注释〕

①盛神法五龙：精神旺盛要效法五龙。法，效法。五龙，五行之龙。陶弘景注："五龙，五行之龙也。龙则变化无穷，神则阴阳不测，故盛神之道法五龙也。"《文选·郭璞〈游仙诗〉之六》："奇龄迈五龙，千岁方婴孩。"李善注引《遁甲开山图》荣氏解："五龙，皇后君也，昆弟五人，皆人面而龙身。长曰角龙，木仙也；次曰徵龙，火仙也；次曰商龙，金仙也；次曰羽龙，水仙也；次曰宫龙，土仙也。"

②盛神：《淮南子·精神训》："精神盛而气不散，则理。理则均，均则通，通则神。"五气：五脏之气。陶弘景注："五气，五藏之气也，谓精、神、

魂、魄、志也。”

③长：主管。

④舍：住舍。

⑤道者天地之始：道是天地的开始。《老子》第一章：“无名，天地之始。”

⑥一其纪：“一”是道的纲领。纪，纲领。《吕氏春秋·仲秋纪·论威》：“义也者，万事之纪也。”

⑦化气：化育之气。

⑧神灵：俞棪《鬼谷子新注》认为“神灵”当作“神明”，云《鬼谷》书无称神灵者，下文接称神明，足证其误。

⑨一其化端：“一”是万物变化的开端。《老子》第四十二章：“道生一，一生二，二生三，三生万物。”

⑩“心能得一”二句：《吕氏春秋·季春纪·论人》云“无以害其天则知精，知精则知神，知神之谓得一。凡彼万形，得一后成。故知一，则应物变化，阔大渊深，不可测也。德行昭美，比于日月，不可息也”。高诱注：“一，道也。天道生万物，万物得一乃后成也。”

⑪九窍：耳、目、口、鼻七窍合前阴、后阴的总称。十二舍：陶弘景注云“十二舍者，谓目见色，耳闻声，鼻臭香，口知味，身觉触，意思事，根境互相停舍。舍有十二，故曰十二舍也”。

⑫总摄：主持，总管。

⑬真人：道家称修真得道的人。《庄子·天下》：“关尹、老聃乎，古之博大真人哉！”

〔译文〕

精神旺盛要效法五龙

旺盛的精神中有五脏之气，神是它们的主宰，心脏是它们的住所，德能够使它们壮大，养神的方法是要归之于道。道是天地的开始，一是道的总纲，万物由道来创造，天地由道所生成，道包揽宏阔，无影无形，化育之气，先于天地而生成，无法看见它的形状，也不知道它的名称，只好称之为神明。因此道是神明的起源。一是事物变化的开始，所以德能够滋养五气，心能够得到一，就有了养神之术。这种方法，就是把心气从其聚集的地方引导出来，神也就能受心气的指使了。人体的九窍和十二个聚气的器官，是气的门户，由心来主管。生来就禀受天道，称为真人。真人与天地合为一体。

内修炼而知之，谓之圣人。圣人者，以类知之①。故人与一生，出于物化②。知类在窍③，有所疑惑，通于心术④。心无其术，必有不通。其通也，五气得养，务在舍神⑤，此谓之化。化有五气者，志也、思也、神也、德也，神其一长也⑥。静和者养气，气得其和，四者不衰，四边威势，无不为，存而舍之，是谓神化⑦。归于身，谓之真人。真人者，同天而合道，执一而养产万类⑧，怀天心，施德养，无为以包志虑思意，而行威势者也。士者通达之。神盛乃能养志。

〔注释〕

①“圣人者”二句：《周易·系辞上》云“圣人有以见天下之动，而观其会通”。俞棪《鬼谷子新注》：“会通者，类也。”

②出于物化：人随着外物环境的变化而变化。陶弘景注："言人相与生在天地之间，得其一耳！但既出之后，随物而化，故有不同也。"

③知类在窍：认识事物的类别，在于身体器官的感知。

④心术：通过心认识道的方法和途径。《管子》有《心术》篇。

⑤舍神：聚集精神。

⑥神其一长：精神是其中的主宰者。陶弘景注："神其一长者，言能齐一志思而君长之。"

⑦神化：变化为神，出神入化。

⑧执一：一即道，执一即执道。《淮南子·人间训》："见本而知末，观指而睹归，执一而应万，握要而治详，谓之术。"

〔译文〕

通过修炼而懂得这一道理的人，就可以称为圣人。圣人是能够通过事物的共同属性来以类推理。所以人与自然同生，但又受到外物的影响。认识事物的类别在于身体器官的感知，如有疑惑，就要通过内心的思考。如果内心没有办法思考，那一定是各种器官之间的气不畅通。要想畅通，五种气需要得到滋养，务必要使神留在心中，这就叫化。五气化育就会产生志、思、神和德，神是其中的主宰者。安静平和可以滋养五气，五气和顺，志、思、神、德就不会衰竭，四者就会产生威势，便能无所不为，将其保存下来停留在体内，就叫"神化"。神化归于身体，就是真人。所谓真人，是同天地一体与道合一，执守"一"而生产养育万物，怀抱天心，普施道德恩惠，自然无为包容思想意志，行使自己的威势。士子要通达上述思想。精神旺盛才能孕育意志。

养志法灵龟[1]

养志者，心气之思不达也[2]。有所欲，志存而思之。志者，欲之使也。欲多则心散，心散则志衰，志衰则思不达。故心气一，则欲不徨[3]；欲不徨，则志意不衰；志意不衰，则思理达矣[4]。理达则和通[5]，和通则乱气不烦于胸中。故内以养志，外以知人。养志则心通矣，知人则职分明矣[6]。

〔注释〕

①养志法灵龟：涵养意志要效法灵龟。陶弘景注："志者察是非，龟能知吉凶，故曰：养志法灵龟。"

②不达：不畅通。陶弘景注："言以心气不达，故须养志以求通也。"

③"心气一"二句：心气专一集中，欲望就不会来烦扰。徨，彷徨。

④思理：思辨能力。

⑤和通：中和通达。

⑥职分：职务，官职。

〔译文〕

涵养意志要效法灵龟

之所以要涵养意志，是因为心气思虑不畅达的缘故。当人有欲望的时候，志就会存在，内心就会思考它。意志，是受人的欲望所驱使的。欲望多了心气就散乱，心气散乱意志就会意志衰减，意志衰减思路就不畅达。所以心气专一集中，欲望就不会来烦扰；欲望不来烦扰志就不会衰退；志不衰退思路就会通达。思路通达则心中和气畅通，和气畅通则杂乱之气就不会在胸中烦扰。所以，在内涵养意志，在外就会了解他人。涵养意志就会心气畅通，了解他人就能职责分明、知人善任。

将欲用之于人，必先知其养气志，知人气盛衰，而养其志气，察其所安，以知其所能。志不养，则心气不固；心气不固，则思虑不达；思虑不达，则志意不实；志意不实，则应对不猛①；应对不猛，则志失而心气虚；志失而心气虚，则丧其神矣。神丧则仿佛②，仿佛则参会不一③。养志之始，务在安己④。己安则志意实坚，志意实坚则威势不分⑤，神明常固守，乃能分之⑥。

〔注释〕

①猛：迅捷。

②仿佛：神情恍惚。陶弘景注："不精明之貌。"

③参会不一：志、心、神三者不能交融汇合。陶弘景注："参会，谓志、心、神三者之交会也。神不精明，则多违错，故参会不得其一也。"

④安己：使自己身心安静下来，无欲无为。陶弘景注："安者，谓寡欲而心安也。"

⑤威势不分：指自己身上的威势不分散，汇聚在一起。

⑥乃能分之：此处指能分散别人身上的威势。陶弘景注："上分谓散亡也；下分谓我有其威，而能动彼，故曰：乃能分之也。"

〔译文〕

如果将养志之法用于考察人，一定要先了解他涵养志气的能力，了解他的心气是旺盛还是衰弱，从而通过进一步涵养其志气，观察他心气安稳的程度，以探知他的才能。志气不涵养，心气就不能稳固；心气不稳固，思虑就不通达；思虑不通达，意志就不充实；意志不充实，应对就不迅捷；应对不迅捷，就会意志丧失而且心气虚空；意志丧失而且心气虚空，就会丧失精神。精神丧失就会神情恍惚，神情恍惚就会导致志、心、神三者不能交融汇合。涵养意志一开始，就一定要使自己保持安静。自己身心安静，意志才能坚实，意志坚实了，威势就不分散，神明固守在我身上，我就能分散别人的威势。

实意法螣蛇[①]

实意者，气之虑也。心欲安静，虑欲深远。心安静则神明荣[②]，虑深远则计谋成。神明荣则志不可乱，计谋成则功不可间。意虑定则心遂安，心遂安则所行不错，神自得矣，得则凝。识气寄[③]，奸邪而倚之，诈谋而惑之，言无由心矣。故信心术[④]，守真一而不化，待人意虑之交会[⑤]，听之候之也。

〔注释〕

①实意法螣蛇:充实思虑要效法螣蛇。螣蛇,传说中一种能飞的蛇。《尔雅·释鱼》:“螣,螣蛇。”郭璞注:“龙类也,能兴云雾而游其中。”《邓析子·转辞》篇“心欲安静,虑欲深远。心安静则神策生,虑深远则计谋成。”“心不欲躁,虑不欲浅。心躁则精神滑,虑浅则百事倾”,与此节内容相合。

②神明荣:秦恩复刻本作“神策生”,据《道藏》本改。神明,指人的精神。

③识气寄:认识到心气是客居。陶弘景注:“寄谓客寄,言识气非真,但客寄耳。故奸邪得而倚之,诈谋得而惑之,如此则言皆胸臆,无复由心矣。”

④信心术:陶弘景注云“言心术诚明而不亏”。

⑤待人意虑之交会:陶弘景注云“真一守固而不化,然后待人接物,彼必输诚尽意。智者虑能,明者献策,上下同心,故能谋虑交会也;用天下之耳听,故物候可知矣”。

〔译文〕

充实思虑要效法螣蛇

实意,就是充实心气形成的思虑。内心要安静,思虑才能深远。心神安静则精神清爽,思虑深远计谋就能成功。精神清爽意志就不会散乱,计谋成功了功劳就不会抹杀。意志思虑安定下来,心神也会安静下来;心神安静下来,所作所为就不会出现差错;精神就会饱满,饱满就能集中。认识到心气是客居,奸诈邪恶之气也会依托它而产生,欺诈产生就会迷惑人,从而言不由衷。所以要使心术真诚，坚守自然本真而不变化，然后和人交往时，别人的意志和思虑就会与自己交融汇合在一起，这样就可以听任事物的变化了。

计谋者，存亡之枢机①。虑不会，则听不审矣，候之不得。计谋失矣，则意无所信，虚而无实。故计谋之虑，务在实意，实意必从心术始。无为而求安静五脏，和通六腑，精神魂魄固守不动，乃能内视②、反听、定志。虑之太虚③，待神往来，以观天地开辟，知万物所造化，见阴阳之终始，原人事之政理④，不出户而知天下，不窥牖而见天道⑤，不见而命，不行而至⑥。是谓道知，以通神明，应于无方，而神宿矣⑦。

〔注释〕

①枢机：事物的关键部分。

②内视：闭目不视外物，用心感知万物。《庄子·列御寇》："贼莫大乎德有心而心有睫，及其有睫也而内视，内视而败矣。"郭庆藩《庄子集释》引俞樾曰："内视者，非谓收视反听也，谓不以目视而以心视也。"

③太虚：虚无缥缈的境界。《庄子·知北游》："是以不过乎昆仑，不游乎太虚。"

④原：推原。

⑤"不出户而知天下"二句：语见《老子》第四十七章："不出户，知天下；不窥牖，见天道。"

⑥“不见而命”二句：《老子》第四十七章作：“圣人不行而知，不见而名，不为而成。”

⑦宿：止。

〔译文〕

计谋是生死存亡的关键部分。意志和思虑不能彼此交会，就不会听得清楚，也就不能得到详细信息。计谋一旦失败，思想上就没有什么诚信可言，也就空虚而不实在。所以计谋的思虑，一定要充实意志，充实意志则要从心术开始。自然无为而追求五脏的安静，六腑和顺畅通，精神魂魄固守不动，这样就能做到用心视听外物，安定心志。思虑进入虚静状态，等待神明交往，从而可以观察到天地开辟的场景，了解到自然万物的创造演化，看清阴阳变化的规律，推原人间治政的事理，不出门就能知道天下大势，不用打开窗户就能窥探天象变化，不看见就能知道命令的到来，不用行走就能到达目的地。这就是了解了“道”，可以沟通神明，应对任何事情，神亦止宿在此了。

分威法伏熊[①]

分威者，神之覆也[②]。故静意固志，神归其舍[③]，则威覆盛矣。威覆盛，则内实坚；内实坚，则莫当[④]；莫当，则能以分人之威而动其势，如其天。以实取虚[⑤]，以有取无，若以镒称铢[⑥]。

〔注释〕

①分威法伏熊:散发自己的威势要效法伏击的熊。陶弘景注:"精虚动物谓之威,发近震远谓之分。熊之搏击,必先伏而后动,故分威法伏熊也。"

②覆:覆盖。陶弘景注:"覆犹衣被也。神明衣被,然后其职可分也。"《吕氏春秋·孟春纪·本生》:"精通乎天地,神覆乎宇宙。"

③神归其舍:精神回归其住所。陶弘景注:"言致神之道,必须静意固志,自归其舍,则神之威覆隆盛矣。舍者,志意之宅也。"

④莫当:没有人能抵挡。

⑤以实取虚:陶弘景注云"言威势既盛,人物肃然,是我实有而彼虚无,故能以我实取彼虚,以我有取彼无"。

⑥以镒(yì)称铢:用镒同铢相比,表示力量处于绝对优势。镒、铢,古代重量单位,二十两为一镒,二十四铢为一两。《孙子兵法·形篇》:"故胜兵若以镒称铢,败兵若以铢称镒。"王皙注:"言铢、镒者,以明轻重之至也。"

〔译文〕

散发自己的威势要效法伏击的熊

散发自己的威势,要使自己的精神覆盖全身。所以要让自己的意志安静坚定,精神凝聚在心,这样威势就能旺盛覆盖全身。威势旺盛,内心就会坚实;内心坚实,就没有人能抵挡住;没有人能抵挡住,就能分散他人的威势、动摇其气势,如同天神一样。用自己的坚实攻取对方的虚弱,利用自己的优势攻取对方的劣势,就像用镒去称铢一样。

故动者必随[1]，唱者必和。挠其一指[2]，观其余次，动变见形[3]，无能间者[4]。审于唱和，以间见间[5]，动变明而威可分也。将欲动变，必先养志伏意以视间[6]。知其固实者，自养也；让己者，养人也。故神存兵亡[7]，乃为之形势。

〔注释〕

①动者必随：是说自己一有行动就会有人跟随。陶弘景注："言威分势震，靡物犹风，故能动必有随、唱必有和。"

②挠（náo）：弯曲。

③动变：俞棪《鬼谷子新注》云"《中庸》曰：'诚则形，形则著，著则明，明则动，动则变，变则化，唯天下至诚为能化。'此动变之理也"。

④间：间隙。

⑤以间见间：以小的间隙发现对方更大的间隙。陶弘景注："能有间必知，我既知间，故能见间，而既见间，即莫能间。"

⑥伏意：隐藏意图。

⑦神存兵亡：精神存于自身武力消亡。

〔译文〕

因此只要一行动就会有人跟随，只要一歌唱就有人相和。只要对方弯曲一下手指头，就能看到其他的动作，只要有所行动就会显露出来，没有人能够逃掉。懂得唱和的效应，以小的间隙发现对方更大的间隙，看明对方行动从而其威势便可被分散。想要行动变化，一定先涵养意志，隐藏意图，伺机而动。懂得充实坚固自己，是涵养提高自己；懂得礼让自己的外物，是爱护培养他人。所以精神存于自身，即便武力消亡，也会形成威势。

散势法鸷鸟[①]

散势者，神之使也。用之，必循间而动[②]。威肃内盛[③]，推间而行之，则势散。夫散势者，心虚志溢[④]。意衰威失，精神不专，其言外而多变。故观其志意为度数[⑤]，乃以揣说图事[⑥]，尽圆方[⑦]，齐短长[⑧]。无间则不散势，散势者，待间而动，动而势分矣。故善思间者[⑨]，必内精五气，外视虚实，动而不失分散之实。动则随其志意，知其计谋。势者，利害之决，权变之威；势败者，不以神肃察也[⑩]。

〔注释〕

①散势法鸷（zhì）鸟：分散对手的威势要效法寻机而动的鸷鸟。鸷鸟，凶猛的鸟。《楚辞·离骚》："鸷鸟之不群兮，自前世而固然。"

②循间：寻找对方间隙。《荀子·强国》："得间则散。"杨倞注："间，隙也。"

③威肃：威势严正。

④心虚志溢：内心虚静，意志充盈。溢（yì），充满而流出来。

⑤度数：标准。《商君书·错法》："法无度数而事日烦，则法立而治乱矣。"

⑥揣说：揣度其意而游说。

⑦圆方：即方圆，比喻一定的规则或标准。

⑧短长：战国时代纵横家的游说术。《史记·平津侯主父列传》："（主父偃）学长短纵横之术。"

⑨思间：思虑对方的漏洞。

⑩肃察：认真考察。

〔译文〕

分散对手的威势要效法寻机而动的鸷鸟

分散对方的威势，是精神的支使。使用散势之术，一定要寻找对方间隙而行动。威势在自己内心积累旺盛了，就要抓住对方的间隙果断地行动，对方的威势就会被分散掉。能够分散对方威势的人，他的内心要虚静、意志要充盈。反之，如果意志衰微失掉威势，精神就不能专一，其言辞就会闪烁多变将事情显露在外。所以要以观察对方意志兴衰为标准，然后再揣摩游说谋划事情，依据一定的规则或标准，运用长短纵横之术。没有间隙可乘，就不能分散对方的威势，分散对方威势要等待对方的间隙出现后再行动，一旦行动起来，就一定会分散对方的势力。因此，善于思虑对方间隙的人，一定是在内心精聚五脏之气，对外还能探查对方的虚实，有所行动也不会失去分散对方威势的实力。行动起来时要依据对方的意志，了解他的计谋。势力，是可以决定利害关系的，也可以威胁权力的变化；权势失败的人，是因为没有集中精神考察对手。

转圆法猛兽[①]

转圆者，无穷之计也。无穷者，必有圣人之心，以原不测之智而通心术[②]。而神道混沌为一[③]，以变论万类，说义无穷。智略计谋，各有形容[④]：或圆或方[⑤]，或阴或阳，或吉或凶，事类不同。故圣人怀此用，转圆而求其合。故与造化者为始[⑥]，动作无不包大道，以观神明之域。

〔注释〕

①转圆法猛兽：像圆环一样旋转产生无穷的计谋要效法猛兽。陶弘景注："言圣智之不穷，若转圆之无止。转圆之无止，犹兽威无尽，故转圆法猛兽。"

②原：推究。《汉书·薛宣传》："《春秋》之义，原心定罪。"颜师古注："原谓寻其本也。"不测之智：不可估计的才智，形容智高才广。心术：此处指心计、计谋。《管子·七法》："实也，诚也，厚也，施也，度也，恕也，谓之心术。"房玄龄注："凡此六者，皆自心术生也。"

③神道：指自然造化的道理，泛指天理、天道。

④形容：事物呈现出的形式、状态。《诗大序》："《颂》者，美盛德之形容。"

⑤或圆或方：或圆通灵活，或方正不阿。陶弘景注："圆者运而无穷，方者止而有分。"《淮南子·主术训》："知员者，无不知也；行方者，有不为也。"

⑥造化者：创造万物的大自然。

〔译文〕

转圆产生无穷的计谋要效法猛兽

转圆,就像圆环旋转一样探索无穷无尽的计谋。要探求无穷无尽的计谋,一定要有圣人一样的心胸,去推究奇妙无穷的智慧并精通心计。天道混沌一体,以变化推论自然万物之类属,阐说其中无穷之义。智慧计谋,各有自己的形态:有的圆通,有的方直;有的是阴谋,有的是阳谋;有的是吉利,有的是凶险,各有自己不同的属性。所以圣人懂得这种道理并运用它,像圆环旋转一样以求其合于实际。圣人与大自然一起开始变化,动作行为中都包含着自然界的大道,从而可以观察神明所在的地方。

天地无极①,人事无穷,各以成其类。见其计谋,必知其吉凶成败之所终。转圆者,或转而吉,或转而凶,圣人以道先知存亡,乃知转圆而从方。圆者,所以合语②;方者,所以错事③。转化者,所以观计谋;接物者,所以观进退之意。皆见其会④,乃为要结以接其说也⑤。

〔注释〕

①无极:无边际。《老子》第二十八章:"复归于无极。"

②合语:双方言语相合。陶弘景注:"圆者,通变不穷,故能合彼此之语。"

③错事:错,通"措",处理事情。陶弘景注:"方者,分位斯定,故可以

错有为之事。”

④会：融会贯通。

⑤要结：关键环节。

〔译文〕

天地没有边际，人事亦无穷无尽，各自都有其类别归属。看到计谋，一定就能知道这件事最终的吉凶成败。运用转圆之术，或者转为吉利，或者转为凶险，圣人能够通过天道预先知道事情的存亡成败，也就知道转圆从方，制定最切合实际的计谋。圆，变化无穷，能够顺合各种语言环境；方，安定可行，能够具体解决处理各种事情。圆方转化，可以很好地观察计谋的得失成败；近距离接触事物，可以更好地观察进退。以上说论都可以融会贯通，掌握事情的关键环节进行游说。

损兑法灵蓍①

损兑者，机危之决也②。事有适然③，物有成败，机危之动，不可不察。故圣人以无为待有德，言察辞合于事。兑者，知之也；损者，行之也。损之说之④，物有不可者，圣人不为之辞。故智者不以言失人之言，故辞不烦而心不虚，志不乱而意不邪。

〔注释〕

①损兑（duì）法灵蓍（shī）：减少他虑专心察理要效法灵验的蓍草。陶

弘景注:"《老子》曰:'塞其兑。'河上公曰:'兑,目也。'《庄子》曰:'心有眼。'然则兑者,谓以心眼察理也。损者,谓减损他虑,专以心察也。兑能知得失,蓍能知休咎,故损兑法灵蓍也。"兑,心眼。蓍,用来占卜的蓍草。

②机危:事物处于危险时期的中心环节。陶弘景注:"几危之理,兆动之微,非心眼莫能察见,故曰:损兑者,几危之决也。"

③适然:偶然。陶弘景注:"适然者,有时而然也。"

④损之说之:意为对不可做的事情要减少不必要的说辞,即便圣人也不会为它辩说。陶弘景注:"言减损之说,及其所说之物,理有不可,圣人不生辞以论之也。"

〔译文〕

减少他虑专心察理要效法灵验的蓍草

减少他虑专心察理,是果断处理危机事情的关键因素。任何事情都有偶然因素,也都有成功或失败的时候,在事物的紧要关头,不能不认真观察。圣人以自然无为对待有德之士,观察其言辞是否合于事理。用心考察,是为了对事物进一步了解,减损他虑,是为了更好的行动。减少不必要的说辞,如果所做事情不可为,圣人也不会为它辩说。所以有智之士不会因为自己的言论而错失别人的言论,因而言辞不烦琐,内心不虚伪,意志不杂乱,思想不邪僻。

当其难易而后为之谋[①],因自然之道以为实[②]。圆者不行,方者不止[③],是谓大功。益之损之,皆为之辞。用分威散势之权,以见其兑,威其机危[④],乃为之决。故善损兑者，譬若决水于千仞之堤，转圆石于万仞之溪⑤。而能行此者，形势不得不然也。

〔注释〕

①当：面对。

②因自然之道：遵从自然法则。因，因循，遵从。

③“圆者不行”二句：使圆通的计划不能实行，方直的计划不能停止。圆通的计划多灵活易行，便于成功；而方直的计划多遵循规则和底线，容易被对方看透，并制定相应的对策。陶弘景注：“夫谋之妙者，必能转祸为福，因败成功，沮彼而成我也。彼用圆者，谋令不行；彼用方者，谋令不止。然则圆行方止，理之常也。吾谋既发，彼不得守其常，岂非大功哉！”

④威其机危：影响其危急关头的决断。有版本此句为：“以见其兑威、其机危。”

⑤仞(rèn)：古代计量单位，一仞相当于周尺八尺，周尺一尺约合二十三厘米。

〔译文〕

面对事情审查难易然后为之谋划，顺应自然之道来制定计划。使圆通的计划不能实行，方直的计划不能停止，就是最大的功绩。无论增益还是损减，都要为之说出一定的道理。用分散对方威势的权术，去窥见对方的心理变化，并影响其危急关头所做出的决断。因此，善于运用损兑之术的人，就像千丈高堤突然决口，像滚动圆石落下万丈溪谷。能够做到这样，是因为形势使然。

持 枢

〔题解〕

陶弘景题解说："枢者，居中以运外，处近而制远，主于转动者也。……门之运转者，谓之户枢。然则持枢者，执动运之柄，以制物者也。"持枢，就是掌握事物的关键部位。作者先从自然界的规律讲起，谓春生、夏长、秋收、冬藏不可干预，不可违背，如果悖反这一规律，虽然一时可能成功，但最终必然失败。由此而说到人君治国，也应该遵循一定的法则，要让老百姓休养生息，能够按照农时生产收获。如果君主不能顺应民意，违背农时，虽然可能一时兴盛，但最终也会走向衰落。所以人君治国的"天枢"，应该遵循天道，效法自然。陶弘景云："此持枢之术，恨太简促，畅理不尽，或简篇脱烂，本不能全故也。"可惜本篇脱文严重，不能窥见全篇文意。

持枢①，谓春生、夏长、秋收、冬藏②，天之正也③。不可干而逆之④。逆之者，虽成必败⑤。故人君亦有天枢⑥，生、养、成、藏，亦复不可干而逆之。逆之者，虽盛必衰。此天道、人君之大纲也。

〔注释〕

①持枢：枢是门扉的轴。持，把握。此指把握关键。“持枢”后似有脱文。

②春生、夏长、秋收、冬藏：泛指一年的农事。《史记·太史公自序》：“夫春生夏长，秋收冬藏，此天道之大经也。”《淮南子·主术训》：“甘雨时降，五谷蕃植，春生夏长，秋收冬藏。”

③天之正也：陶弘景注云“言春夏秋冬，四时运行，不为而自然也。不为而自然，所以为正也”。正，不偏不斜。

④干：干扰，冒犯。

⑤虽成必败：陶弘景注云“言理所必有，物之自然者，静而顺之，则四时行焉，万物生焉。若乃干其时令，逆其气候，成者犹败，况未成者乎？元亮曰含气之类，顺之必悦，逆之必怒，况天为万物之尊而逆之乎。”元亮，陶潜字渊明，又字元亮。

⑥天枢：星名，北斗第一星，此处指治理天下的关键。陶弘景注：“天之北辰，谓之天枢。”尹桐阳《鬼谷子新释》曰：“人君法天而运动，故云亦有天枢。”

〔译文〕

持枢，就是说，春天耕种，夏季生长，秋季成熟，冬季储藏，这是自然的正常运作规律。不可以干扰而违背这一自然规律。凡是违反自然规律的，即使暂时获得了成功，最终必然失败。因此，人君也应该有他要遵循的法则。生长、养育、收获、储藏，也不能干预民间的这些规律。如果违背了，即使一时兴盛，最终也必然走向衰落。这是自然法则，也是人君治理国家的根本纲领。

中　经

〔题解〕

“中”，是指内心；“经”，有治理义。所谓“中经”，就是指通过内心的思虑谋划运用各种方法去治理外界事物，以达到制人的目的。陶弘景解题云：“谓由中以经外，发于心本以弥缝于物者也，故曰中经。”

纵横家游说辩论，重在牵制对方，为自己所支配。所以本文提出“道贵制人，不贵制于人也”，在处事时要掌握主动权，不能被别人控制。因为“制人者握权，制于人者失命”，一旦自己被别人控制，很可能危在旦夕。因此，为了达到制人的目的，本文提出了七种常用的方法和技巧：象体为貌，闻声知音，解仇斗郄，缀去，却语，摄心，守义等七术。

“象体为貌”，是指由人的外在形貌来窥探人的内心世界；但对于有操守的人，这种方法很难奏效。“闻声知音”，是指和别人交往时要听话听音，善于从言谈举止中了解别人的心思，以达到声气相投。“解仇斗郄”，就是解除弱者之间的怨仇而使有嫌隙的强者相互争斗，帮助弱者，瓦解强者。“缀去”，就是用自己的语言联络对方，打动对方，即便自己离开了仍能让他想起你。“却语”，就是抓住对方的把柄威胁他，然后再用诚信结交他，对方会感谢你，从而为我所用。“摄心”，就是通过一些手段使对方心悦诚服，真心归服自己。“守义”，就是自己守住做人的道义，然后探求对方的真实意图，进而迎合其意愿，使人依附于自己。

中经，谓振穷趋急[①]，施之能言厚德之人[②]。救拘执[③]，穷者不忘恩也。能言者，俦善博惠[④]。施德者，依道。而救拘执者，养使小人。盖士遭世异时危，或当因免阗坑[⑤]，或当伐害能言[⑥]，或当破德为雄[⑦]，或当抑拘成罪，或当戚戚自善[⑧]，或当败败自立[⑨]。

〔注释〕

①振穷趋急：救助穷困，趋向急难。陶弘景注：“振，起也。趋，向也。物有穷急，当振趋而向护之。”

②厚德：大德。

③拘执：拒捕。《史记・李斯列传》：“李斯拘执束缚，居囹圄中。”

④俦善博惠：与善人同类广施恩惠。陶弘景注：“俦，类也。谓能言之士，解纷救难，不失善人之类，而能博行恩惠也。”俦(chóu)，类。

⑤阗(tián)坑：充满坑沟。陶弘景注：“填坑，谓时有兵难，转死沟壑。士或有所因，而能免斯祸者。”

⑥伐害能言：指能言善辩之人被残害。陶弘景注：“伐害能言，谓小人道长，谗人罔极，故能言之士，多被残害。”

⑦破德为雄：破碎文德，以武力称雄。陶弘景注："破德为雄，谓毁文德，崇兵战。"

⑧戚戚自善：忧心天下，明哲保身。陶弘景注："戚戚自善，谓天下荡荡，无复纲纪，而贤者守死善道，贞心不渝，所谓岁寒然后知松柏后凋。"戚戚，忧惧。《论语·述而》："君子坦荡荡，小人长戚戚。"何晏《集解》引郑玄曰："长戚戚，多忧惧。"

⑨败败自立：陶弘景注："败败自立，谓天未悔过，危败相仍，君子穷而必通，终能自立，若管仲者也。"

〔译文〕

中经，讲的是求助穷困、趋向急难，能够做到此事的是能言善辩、具有厚德的人。救助身陷囹圄和困境的人，被救助的人不会忘记他们的恩德。能言善辩的人，与善人同类广施恩惠。广施恩德的人，大都依道行事。而对身陷囹圄施行救助的人，常会将被救的人豢养起来以供驱使。士人常会遭受乱世和危局，有的人能够免于兵难侥幸不死，有的人因能言善辩而被残害，有的人弃掉文德称雄争霸，有的人被拘捕起来而成为罪犯，有的人忧心忡忡自我保全，有的人屡遭危败却仍能自立。

故道贵制人①，不贵制于人也。制人者握权，制于人者失命②。是以见形为容，象体为貌，闻声知音，解仇斗郄③，缀去④，却语，摄心，守义。《本经》纪事者，纪道数，其变要在《持枢》《中经》。

〔注释〕

①制人：控制别人。“制人”一词常见于《荀子》。《荀子·荣辱》篇：“通者常制人，穷者常制于人：是荣辱之大分也。”《荀子·王霸》篇：“善择者制人，不善择者人制之。”亦见《淮南子·主术训》：“是故有术则制人，无术则制于人。”

②失命：失去掌握命运的主动权。

③闻声知音：有版本作“闻声和音”。解仇斗郄(xì)：使弱者之间消除怨仇，使强者之间相互争斗。郄，通“隙”。

④缀去：联络已经离去的人。缀，联络，连接。

〔译文〕

因此道术贵在能控制别人，而不是被别人所控制。控制别人的人掌握权力，被别人控制的人就失去了命运的主动权。所以应当学会运用“见形为容”“象体为貌”“闻声知音”“解仇斗郄”“缀去”“却语”“摄心”“守义”等处世之方法。《本经》讲述的是根本的道理，至于权要变化，则都在《持枢》和《中经》中讲述。

见形为容、象体为貌者，谓爻为之生也[①]。可以影响、形容、象貌而得之也[②]。有守之人[③]，目不视非，耳不听邪，言必《诗》《书》，行不淫僻[④]，以道为形，以德为容，貌庄色温[⑤]，不可象貌而得之。如是，隐情塞郄而去之[⑥]。

〔注释〕

①爻为之生：是说所谓“见形为容、象体为貌”这种处事之术，就像爻象在占筮中产生一样。陶弘景注谓“见彼形，象其体，即知其容貌者，谓用爻卦占卜而知之也”，不确。

②可以影响、形容、象貌而得之：是指通过人的外在容貌、行为来了解其内心想法。

③有守之人：有道德操守的人。

④淫僻：放荡不正。

⑤貌庄：面貌严肃端重。

⑥隐情：把实情隐藏起来。塞郄：堵塞缝隙，不让对方获得信息。

〔译文〕

所谓见形为容、象体为貌，就像爻象在占筮中产生一样。可以通过人的踪影声响、外貌容颜等去获取其内心想法。但是有操守的人，眼睛不乱看非礼之事物，耳朵不倾听淫邪之声音，说话就要称引《诗经》和《尚书》，行为举止既不过度也不邪僻，以道德规范来约束自己的行为，外貌庄严，表情温和，是不可以通过外在相貌来获取他的内心真情的。如果遇到这种人，就要隐藏自己的真情，堵塞自己言语中的漏洞，尽快离开他。

闻声知音者，谓声气不同[①]，恩爱不接[②]。故商、角不二合[③]，徵、羽不相配，能为四声主者，其唯宫乎？故音不和则悲，是以声散、伤、丑、害者，言必逆于耳也[④]。

虽有美行盛誉，不可比目、合翼相须也。此乃气不合、音不调者也[5]。

〔注释〕

①声气：声音气息。

②接：连接，交会。《说文》："接，交也。"

③商、角：中国古代声乐中有宫、商、角、徵、羽五个音阶，商、角是第二、三个音阶。五音与五行相配，宫属土，商属金，角属木，徵属火，羽属水。所以商、角为金和木，二者相克不相合；徵是火，羽是水，二者也不能相配。

④逆于耳：不顺于耳，即耳朵听起来不舒服。陶弘景注："散、伤、丑、害，不和之音，音气不和，必与彼乖，故其言必逆于耳。"

⑤"虽有美行盛誉"三句：陶弘景注云"言若音气乖彼，虽行誉美盛，非彼所好，则不可如比目之鱼、合翼之鸟，两相须也。其有能令两相交应，不与同气者乎"？

〔译文〕

所谓闻声知音，说的是人与人之间如果言语不和、意气不相投，两人就不会相互友爱和善。就像五音中的商音和角音不能相合、徵音和羽音不相配一样，能作为四声之主的，只有宫音了。所以五音不和谐，声调就会悲伤，就像音乐中的声音散、伤、丑、害这些毛病一样，如果两人声气不和，所说的话一定觉得是逆耳之言。即使双方都各有美好的品行和极高的声誉，也不能像比目鱼、比翼鸟那样同气相求、亲密无间。这都是因为意气不投、声音不协调的原因啊！

解仇斗郄，谓解羸微之仇[①]；斗郄者，斗强也。强郄既斗，称胜者[②]，高其功，盛其势也；弱者哀其负[③]，伤其卑[④]，污其名[⑤]，耻其宗[⑥]。故胜者闻其功势，苟进而不知退[⑦]；弱者闻哀其负，见其伤，则强大力倍[⑧]，死而是也。郄无强大，御无强大，则皆可胁而并[⑨]。

〔注释〕

①"解仇斗郄"二句：陶弘景注云"辩说之道，其犹张弓：高者抑之，下者举之。故羸微为仇，从而解之；强者为隙，从而斗之也"。羸（léi）微：羸弱微小。

②称胜者：称颂胜利的人。陶弘景注："斗而胜者，从而高其功，盛其势也。"

③哀其负：哀伤他的失败。陶弘景注："斗而弱者，从而衰其负劣，伤其卑小，污下其名，耻辱其宗也。"

④伤其卑：伤感他的卑弱。

⑤污其名：玷污他的名声。

⑥耻其宗：使他的祖宗感到耻辱，即羞辱他的祖宗。

⑦苟进而不知退：意谓如果只知道进攻而不知道退却，就很容易失败。陶弘景注："知进而不知退，必有亢龙之悔。"

⑧强大力倍：是说弱者如果因为失败而感到羞耻就会力量倍增，反而变得强大起来。陶弘景注："弱者闻我哀伤，则勉强其力，倍意致死，为我为是也。"

⑨“郄无强大”三句：只要有间隙可乘，就不会多么强大；只要拼死抵抗，就不会那么强大，就都可以胁迫而吞并掉他们。陶弘景注：“言虽为隙，非能强大，其于扞御，亦非强大。如是者，则以兵威胁，令从己，而并其国也。”

〔译文〕

所谓解仇斗郄，就是解除弱者之间的怨仇；所谓斗郄，就是使有嫌隙的强者相互争斗。有矛盾的强者争斗起来以后，对取得胜利的一方要高扬其功业，壮大他的声势；对于弱小的一方，要哀怜他的失败，伤感他的卑微，侮辱他的名声，羞辱他的祖宗，以激发他的斗志。因此胜利的一方听到自己的功业和声势，如果一味地进攻而不知道退却（反而容易失败）；弱小的一方听到别人对自己失败的哀怜和伤感，就会力量倍增，反而强大起来，拼死去争斗。只要有间隙可乘就不会多么强大，只要拼死抵抗就不会那么强大，就都可以胁迫而吞并掉他们。

缀去者，谓缀己之系言①，使有余思也②。故接贞信者，称其行，厉其志，言为可复，会之期喜③。以他人庶，引验以结往，明款款而去之④。

〔注释〕

①缀己之系言：指通过自己的言辞联络对方。陶弘景注：“系，属也。谓己令去，而欲缀其所属之言，令后思而同也。”

②余思：指人离开后剩余的思恋。

③“故接贞信者”五句：陶弘景注云“欲令去后有思，故接贞信之人，则称其行之盛美，厉其志令不怠，谓此美行必可常为，必可报复，会通其人，必令至于喜悦也”。贞信，正直诚实。

④“以他人庶”三句：陶弘景注云“言既称行厉志，令其喜悦，然后以他人庶几于此者，引之以为成验，以结已往之心，又明己款款至诚。如是而去之，必思己而不忘也”。庶，表示希望。款款，真诚，诚恳。

〔译文〕

所谓缀去，就是用自己的语言联络对方，自己虽然离开了但仍让对方思念。所有要结交正直诚实之人，就要称赞他们的行为，激励他的志向，说希望他回来，约定再次见面的日期使他高兴。讲述他人的例子用来验证我们的心意，表达自己离开之后的留恋之情。

却语者，察伺短也①。故言多必有数短之处，识其短，验之②。动以忌讳，示以时禁③。其人恐畏，然后结信，以安其心，收语盖藏而却之④。无见己之所不能于多方之人⑤。

〔注释〕

①察伺短：考察窥伺言语中的短处。

②“故言多必有数短之处”三句：陶弘景注云“言多不能无短，既察其短，必记识之，取验以明也”。

③“动以忌讳”二句：陶弘景注云“既验其短，则以忌讳动之，时禁示

之”。时禁,当时的政令、禁令。

④“然后结信”三句:陶弘景注云“其人既以怀惧,必有求服之情,然后结以诚信,以安其惧,以收其向语,盖藏而却之,则其人之恩感,固以深矣”。

⑤多方:学识广博。

〔译文〕

所谓却语之术,就是要考察发现对方言语中的短处。所以说话多了一定会有一些短处,发现他的短处,并加以验证。通过其言语中的忌讳触动他,并指示他言语中所违背的当时的禁令。这个人就会恐惧害怕,然后真诚地结交他,以让他安心,收回刚才的言语,隐藏其短处而不再提起。不要将自己难以做的事,显露给学识广博的人。

摄心者,谓逢好学伎术者①,则为之称远②。方验之道,惊以奇怪,人系其心于己。效之于人,验去,乱其前,吾归诚于己③。遭淫酒色者,为之术:音乐动之,以为必死,生日少之忧④。喜以自所不见之事,终可以观漫澜之命⑤,使有后会。

〔注释〕

①伎术:技艺方术。

②称远:称赞别人使其声名远播。

③“效之于人”四句:陶弘景注云“人既系心于己,又效之于时人,验之

于往贤。然后更理其目前所为，谓之曰：吾所以然者，归诚于彼人之已。如此，则贤人之心可得，而摄乱者理也”。

④生日少之忧：因为活着的日子不多而忧愁。

⑤漫澜：广阔，无限。

〔译文〕

所谓摄心术，是指如果遇到喜欢学习技艺方术的人，就要为他宣扬名声，使之远近闻名。然后用道术加以验证，用稀奇怪异之事使之惊奇，这样，他的心就会系属于我们。然后把他的技艺效验于众人面前，帮助其检验过往的不足，整理当前成功的方面，他就会更加心悦诚服地归附于我们。如果遇到沉醉于酒色的人，就要采用这样的方法：先用音乐打动他，让他认识到酒色会置其于死地，让他感觉活着的日子不多了。再用他从未见过的美好事情使他高兴起来，让他感受到生命的灿烂，使其产生与我们再会的感情。

守义者，谓守以人义，探其在内以合也①。探心②，深得其主也。从外制内③，事有系曲而随之④。故小人比人，则左道而用之，至能败家夺国⑤。非贤智，不能守家以义，不能守国以道⑥。圣人所贵道微妙者，诚以其可以转危为安、救亡使存也。

〔注释〕

①内以合：迎合其内心想法。陶弘景注：“探其心，随人所宜，遂所欲

以合之也。”

②探心：探求内心世界。

③从外制内：通过外部条件控制他人的内心想法。

④曲：曲心。随：顺从。

⑤“故小人比人”三句：陶弘景注：“小人以探心之术，来比于君子，必以左道用权。凡事非公正者，皆由小人反道乱常，害贤伐善，所用者左，所违者公，百度昏亡，万机旷紊，家败国夺，不亦宜乎！”比，比附，亲近。左道，邪术，邪道。《礼记·王制》：“执左道以乱政，杀。”

⑥道：中经之道。

〔译文〕

所谓守义，就是守住做人的道义，探求其内心的想法以符合他的意愿。探求内心，要深入了解其真实的意图。从外部控制对方的内心想法，要使他有事情曲心，从而顺从于我们。所以小人亲近比附别人，就会使用歪门邪道，以至于使人国破家亡。不是贤能智慧之人，不能用仁义来守家，不能用道德守国。圣人所以重视微妙的道，是因为道确实能够使人转危为安、救亡图存。